INTERPERSONAL
PSYCHOLOGY

人际交往心理学

懂得"人心"才能搞定"人际"

高山 编

北京燕山出版社
BEIJING YANSHAN PRESS

图书在版编目（CIP）数据

人际交往心理学 / 高山编 . -- 北京：北京燕山出版社，2018.6（2019.8 重印）

ISBN 978-7-5402-5181-9

Ⅰ . ①人… Ⅱ . ①高… Ⅲ . ①人际关系—社会心理学—通俗读物 Ⅳ . ① C912.11-49

中国版本图书馆 CIP 数据核字（2018）第 125234 号

人际交往心理学

编　　者	高　山	
责任编辑	贾　勇　王　迪	
封面设计	余　微	
责任校对	石　英	
出版发行	北京燕山出版社有限公司	
社　　址	北京市丰台区东铁营苇子坑路 138 号	
电　　话	010-65240430	
邮　　编	100078	
印　　刷	北京德富泰印务有限公司	
开　　本	880mm×1230mm　　1/32	
字　　数	150 千字	
印　　张	8	
版　　次	2018 年 7 月第 1 版	
印　　次	2019 年 8 月第 5 次印刷	
定　　价	35.00 元	

人际交往是每个人都无法回避的生活内容。善于社交的人在社会上广受欢迎，所承受的社会压力也比别人小得多，成功的概率也相对地提高。正如美国著名学者卡耐基所说："一个人的成功，只有15％是由于他的专业技术，而85％则要靠人际关系和他的为人处世能力。"可见，一个人的社交能力是多么重要。在这个讲究人际关系的时代里，却有许多人不懂得怎样更好地与人相处。

一位老太太坐在小镇郊外的马路边纳凉。有个年轻人来到老人面前问道："请问老人家，住在这个小镇上的人怎么样？我正打算搬来住呢！"

老太太看了一下年轻人，反问道："你要离开的那个地方的人怎么样？"

年轻人回答："不好，都是些不三不四的人。我住在那里没快乐可言，因此我打算到这儿来住。"

老太太叹口气，说："小伙子，恐怕你要失望了，因为这个镇上的人，也和你那儿差不多。"

年轻人走了，继续去寻找他理想的居住地。

过了一会儿，一位姑娘来到老太太面前，询问同样的问题。老人也同样反问她。

这位姑娘说："哦！住在那里的都是非常好的人。我在那里度过了一段美好的时光，但我正在寻找一个更有利于我的工作发展的小镇，我舍不得离开那个地方，但是我不得不寻找更好的发展前途。"

老太太面露笑容，说："姑娘，你很幸运。居住在这里的人都是跟你原来住的地方一样好的人，你将会喜欢他们，他们也会喜欢你的。"

这个故事告诉我们，你想寻找敌人，你就会找到敌人；你想寻找朋友，你也就会找到朋友。不善于与人相处的人，到了哪里，都会认为别人难以相处。善于与人相处的人，见到任何人，都会融洽相处。

古语里关于成功的三要素："天时、地利、人和"，其中"人和"强调的就是和谐的人际关系。罗斯福也说："成功公式中，最重要的一项因素是与人相处。"可以说，人际交往能力是个人成长中一项重要的素质，具有较强的人际交往能力的人，成功的概率更高一些。

人际关系的成败，与心理学有着千丝万缕的联系，一旦掌握了相关的心理学知识，工作和生活中的许多难题就能迎刃而解，就能建立起完美的人际关系。本书就是从心理学角度出发，通过如何组建人际关系网、如何赢得朋友、如何求人办事、如何表达与拒绝、如何与人相处等方面，讲述人际关系中的心理学知识和技巧，深入挖掘人性背后的心理秘密，巧妙揭示人们内心深处的行为动机，以期帮助读者迅速提高说话办事的能力，掌控人际交往主动权，避免挫折和损失，一步一步地落实自己的人生计划，获得事业的成功和生活的幸福。

书中对于心理学基本知识的介绍，不再局限于简单的理论阐释，而是采取与具体实例相结合的方法，使得心理学的知识变得亲切、生动，读者将看到人际交往中形形色色的故事和案例，既有相关的心理学实验研究结果，也有普通人的人际困惑，兼顾了科学性和可读性。这使得本书的适用人群更为广泛，应该说，本书对人际关系心理现象和行为的生动描述，可使读者获得有益的启示，有助于和谐人际环境的建构。

CONTENTS
目 录

第七章

把握尺度，获得上司重用心理学 // 139

第八章

防微杜渐，应对危险场面心理学 // 161

第九章

随机应变，智者自我保全心理学 // 183

第十章

用心经营，让爱情更美好的心理学 // 205

第十一章

因人制宜，与各种人相处的心理学 // 225

INTERPERSONAL
PSYCHOLOGY

第一章

组建人脉网，谋求
共赢心理学

交际是一门艺术，要讲究礼仪

人际传播是离不开语言的，说话的内容、选词造句，说话的语言、语调，说话的身姿、手势、表情……都会给对方留下一定的印象，即每个人都对他人树立自己的语言形象。

交际是一门艺术，要讲究礼仪，不同的场合都要注意礼貌用语。例如，"对不起""谢谢""请"这些礼貌用语会对调和融洽人际关系起到意想不到的作用。

在涉外场合需要麻烦人帮忙时，说句"对不起，你能替我把茶水递过来吗"？则能体现一个人的谦和及修养。无论别人给予你的帮助是多么微不足道，你都应该诚恳地说声"谢谢"。正确地运用"谢谢"一词，会使你的语言充满魅力，使对方倍感温暖。道谢时要及时注意对方的反应。对方对你的感谢感到茫然时，你要用简洁的语言向他说明致谢的原因。对他人的道谢要答谢，答谢可以用"没什么，别客气""我很乐意帮忙""应该的"等来回答。

谈吐往往给人留下第一印象。美国语言治疗师霍尔说："你讲话的方式，反映你的智能和性格。"所以，如果你言语闪烁不定，夹着很多"呵、嗯"等词，或者"我想、可能、或许、大概、应该是如此"，你的形象定会被打折扣。

礼貌用语是尊重他人的具体表现，是友好关系的敲门砖。在日常生活中，尤其在社交场合中，礼貌用语十分重要。

在拥挤的公共汽车上，一个人不慎踩了另一个人的脚，踩人者若无其事，无动于衷，被踩者愤怒异常，骂骂咧咧，于是开始了一场舌战，你来我往，吵得好不热闹。

同样在拥挤的地铁里，一个人不慎踩了另一个人的脚，踩人者马上诚恳地向对方表示歉意，并说一声："对不起！"被踩的人虽疼痛未消，却也谅解地说一句："没关系。"

同一件事，为什么有截然不同的态度、截然不同的结果呢？很简单，只因前者无礼，后者知礼。

内疚和歉意往往能换来宽容和谅解，使一触即发的冲突烟消云散。道歉时最重要的是有诚意，切忌道歉时先辩解，好似推脱责任；同时要注意及时道歉，犹豫不决会失去道歉的良机。是否讲礼貌导致后果大相径庭。谁不讲文明礼貌，谁就会受到社会的谴责。

在任何需要麻烦他人的时候，"请"都是必须挂在嘴边的礼貌语。如"请问""请原谅""请留步""请用餐""请指教""请稍候""请关照"等。频繁使用"请"字，会使话语变得委婉而礼貌，是比较自然地把自己的位置降低，将对方的位置抬高的最好的办法。

苏蕾终于找到了合适的工作，学韩语的她在一家韩国人的公司找到了一个总经理助理的位置。

苏蕾在韩国出生，上到小学毕业才回来，韩语十分流利，在大学里屡屡得到老师表扬，朋友们常常笑她是个"韩国人"。而她对自己的这段经历也十分得意，所以找工作的时候，非韩国外资的公司不去。

上班快三个月了，韩国老板对她很满意，想跟她签长期合同，苏蕾却有点犹豫，倒不是因为待遇不好，而是公司里有一个副总对她很是看不惯，经常给她小鞋穿。

在苏蕾去公司之前，这位副总是总经理助理，苏蕾是在他高升之后补了他的空缺，据说面试的时候，他对苏蕾的印象还是不错的，现在为什么变了脸呢？那天朋友去接苏蕾下班，朋友看出了一点端倪。该副总在审读苏蕾递给他的韩文报告，提出苏蕾报告中的几个问题，苏蕾立刻进行辩解："韩语里这个词应该是这个意思，不会错的。上次你的这个错误就是我向金先生提出的，他也认为我是对的。"副总的脸色立刻有点阴，他合上报告："那好，我回去慢慢看。明天再给你。"苏蕾又说："今晚金先生就要的。"

"没关系，我亲自给他好了。"副总沉着脸走了。

在大量职场新人中，苏蕾这样的困惑，很多人都会有，明明只是为了工作，却忘了给别人留点余地。苏蕾似乎欠缺了一点虚心和温和，一起工作，探讨问题的方式最好和缓一些，"可能""也许"这样的字眼能缓解矛盾，言语里面动不动就提到上司也是一种错误做法，这会让人有一种盛气凌人的感觉，越是优秀的人才越要注意这一点。

"你的语言是他人判断你的重要依据之一。""你说话的方式告诉别人你的智力与整体能力。"这是事业的需要。在销售、公关、广告、客户代表等岗位，良好的语言形象和谈吐风格透露出的自信、诚恳、亲和或是风趣就是一张绝好的名片。

成功的人际关系在于你能捕捉对方观点的能力；还有，看一件事须兼顾你和对方的不同角度。

人际网络并非一日所成，它是数十年积累的成果。

在人际交往助你成功的路上，没有足够的本钱并不十分可怕，可怕的是总自以为是，觉得老子天下第一，什么人也不放在眼里。天马行空，独来独往，白日做梦，这样的人肯定难以成功，或者过分孤芳自赏，井底之蛙，自娱自乐，对别人漠不关心，麻木不仁，这样的人也注定与成功无缘。

没有本钱而谋求成功的人，应当是卓尔不群的。因为他们能够清醒地认识到，只要倚重他人，依靠或引导别人为自己出力出钱，自己就能成功。

卡耐基曾说："当一个人认识到借助别人的力量比独自劳作更有效益时，标志着他的一次质的飞跃。"这是亘古不变的至理名言。每一位无本而谋求成功者，都应当深深铭记于心。

古人云："登高而招，臂非加长也，而见者远；顺风而呼，声非加疾也，而闻者彰。"这句话形象地说明了借取外界力量，换言之，也就是人际关系的重要性。

那么，如何增强人际吸引力，做一个受欢迎的人呢？要提高个人的外在素质，追求美、欣赏美、塑造美是人的天性。美的外貌、风度能使人感到轻松愉快，并且在心理上构成一种精神的酬赏。所以，你恰当地修饰自己的容貌，扬长避短，注意在不同场合下选择样式和色彩符合自己的服装，形成自己独特的气质和风度。同时，还应注意追求外在美和内在美的协调一致，即外秀内慧，因为随着时间的推移，交往的加深，外在美的作用会逐渐减弱，对他人的吸引会逐渐由外及内，从相貌、仪表转为道德、才能。

要说真话、办实事。说真话、办实事会使人心里踏实而感到轻松愉快，而弄虚作假、相信迷信则易使人惴惴不安，成为心理健康的大敌。

要少发脾气。常发脾气不仅会使矛盾激化，影响人际关系，也会因情绪不稳而对自己的健康贻害无穷。

要善恶分明。生活中美好的事情能做的要积极参与，不能做的要尽力支持；而面对邪恶的事情，则要挺起胸膛，敢于正视和斗争。

高中毕业后，我只身一人来到深圳打工。三年时间里，我先后在快餐店、茶店、大排档、商场工作过，换了六个单位，在每个单位的时间都不超过半年。原因大多是与老板或同事或顾客产生矛盾，无法调节，于是愤而辞职。我知道自己脾气不好，可又无法克服自己的毛病。现在，我所在的商店老板又为我与顾客争吵一事警告我说要炒我鱿鱼，看样子不纠正这一毛病真要影响我的生存了，我为此心急得更想发脾气。

不能控制自己的情绪，导致他一次次失去了工作，而且失去了和谐的人际关系和自信。如果你无法控制情绪，就会跟别人发脾气，不愿意配合别人的工作，人际关系就会紧张。

要想人际关系和谐，先要笑脸迎人，不能发脾气，一定要欢欢喜喜。

不论他人是非。闲论他人是非，轻则朋友、同事翻脸，重则会闹出人命，对人对己都会增添无谓的痛苦。

王钰刚进的这家公司，有一位同事整天不干正事，却喜欢变着法儿、挖空心思地"嚼舌头"，一会儿说起上司的"偏心"，一会儿说起某某的"绯闻"，同事们都不怎么理睬她。当她跟新来的王钰说起这些"是非"时，王钰只是假装很认真地在听她的话，用眼睛直视着她，等她把话讲完后，也不置可否。几次无趣后，她不再找王钰嚼舌头了。

首先自己不要闲谈他人的是非长短；其次如果有人说起这些让人讨厌的话题，你也不要进行反驳或是还击，这都可能使自己有失风度，你唯一要做的就是漠视或者远离他，用行动表示对他的不屑一顾和蔑视。

要敞开心扉与人开诚布公。以诚相见的人，才能得到别人的信任和理解，才能受到别人的欢迎，轻松愉快地生活。

加强交往，密切关系心理学研究表明，人与人之间空间距离上的接近，是促进人际吸引的重要因素，因为人与人之间空间位置上越接近，彼此交往的频率就越高，越有助于相互了解、沟通情感、密切关系。

即使两个人的人际关系比较紧张，通过交往，也有可能逐步消除猜疑、误会。反之，即使两人关系很好，但如果长期不交往，彼此了解减少，其关系也可能逐渐淡薄。因此要注意与朋友保持适度的接触频率，才使人际关系不至于淡化甚至消失。切忌"有事有人，无事无人"。

广结人脉，为自己的事业打下基石

既然清楚了人际交往的重要性，那么我们就应该广结人脉，为自己的事业打下基石。那么，要怎样去结交新朋友呢？在交往中不做被动的接受者。如果你仅仅是个被动的接受者，你就很难结交到新朋友。认识新朋友是搭建人脉关系网络的第一步，是你职业生涯和个人生活的重要一环。

记住对方的名字。一个人的名字，对他来说，是任何语言中最甜蜜、最重要的声音。记住对方的名字，并把它叫出来，等于给对方一个很巧妙的赞美。

我们应该注意一个名字里所能包含的奇迹，并且要了解名字是完全属于与我们交往的这个人，没有人能够取代。名字能使人出众，它能使他在许多人中显得独立。我们所做的事情和我们要传递的信息，只要我们从名字这里着手，就会显得特别的重要。不管是女侍或总经理，在我们与别人交往时，名字会显示出它神奇的作用。

法国皇帝，也是拿破仑的侄儿——拿破仑三世得意地说，即使他日理万机，仍然能够记得每一个他所认识的人。

他的技巧非常简单。如果他没有清楚地听到对方的名字，就说："抱歉。我没有听清楚。"如果碰到一个不寻常的名字，他就说："怎么写？"

在谈话当中，他会把那个人的名字重复说几次，试着在心中把它跟那个人的特征、表情和容貌联想在一起。如果对方是个重要的人物，拿破仑就要更进一步。一等到他旁边没有人，他就把那个人的名字写在一张纸上，仔细看着，聚精会神地深深记在心里，然后把那张纸撕掉。

这样做，他对那个名字就不只是有眼睛的印象，还有耳朵的印象。

这一切都要花时间，"礼貌，"爱默生说，"是由一些小小的牺牲组成的。"

记住别人的名字并运用它的重要性，并不是国王或公司经理的特权，它对我们每一个人都是如此。记住对方的姓名，在商业界和社交上的重要性，几乎跟在政治上一样。

美国总统罗斯福竞选时的总干事吉姆，出生在 1899 年的纽约。吉姆十岁那年，他的父亲在一次意外中去世，留下了妻子和三个孤儿，家徒四壁，没有任何遗产。吉姆因为排行老大，只好辍学去砖场打零工，从此不曾再进过学校。

可是天性乐观的吉姆，虽然只是个童工，但经过了三十年的努力，在他四十六岁那年，已有四个大学授予他名誉学位，并且担任美国邮政总监，同时也是民主党全国委员会主席，并把罗斯福推上了总统宝座。

卡耐基对吉姆的发迹感到很惊奇，一个几乎完全没受过教育的工人，却能成为总统的左右手。于是卡耐基向吉姆请教成功的秘诀。

"苦干！"吉姆简单有力的回答。

卡耐基听了这答案显然很不满意，脸上出现了怀疑的表情。

"这样吧！那您觉得我为什么能成功？"吉姆反问卡耐基。

卡耐基想了想之后回答说："我知道你能叫出一万个人的名字。"

"不，不是这样，"吉姆笑着说，"我能叫出五万个人的名字。"

可别小看这件事，就凭着这项专长，吉姆将罗斯福迎入了白宫。

吉姆年轻时，在一家石膏企业担任外务员，就自创了一套记忆姓名的办法。这方法说来也很简单，无论何时何地，只要他遇到陌生人，一定要把对方的姓名问清楚。所谓的姓名，并不只是几个英文单词，还包括职业、党派、宗教、家庭状况等其他一切的周边资料，然后把这些资料输入他那不逊于任何电脑的脑袋里。如果怕日后忘记，他回家后甚至还会复习，就像学生做功课一样。

记住别人的名字——你将在人际交往中成为受欢迎的那个人。

"您觉得对于一个职场中的人来说，什么是最重要的？并且值得你为之付出青春呢？"当一位资深的职业经理人被问到这个问题时，他毫不迟疑地这样说："行业经验，人际关系。"

这个社会最重要的是人际关系，有了人际关系你才会有机遇。机遇是因为你有了人际关系，认识了各个社交圈子里的人，你认识了别人，别人认识了你，才会互相创造机遇。一个封闭的人是不会有腾飞的机遇的。

成功的人大多是有关系网的人。这种网络由各种不同的朋友组成，有过去的知己，有近交的新朋；有男的，有女的；有前辈，有同辈或晚辈；有地位高的，有地位低的；有不同行业的，有不同特长的，也有不同地方的，等等。总之，交往越广泛，遇到机遇的概率就越大。

你可以发现，人生中有许多机遇就是在与朋友的交往中出现的，有时甚至是在漫不经心的时候，朋友的一句话、朋友的帮助、朋友的关心等，都可能化作难得的机遇。在很多情况下，就是靠朋友的推荐、朋友提供的信息和其他多方面的帮助，人们才获得了难得的机遇。

所以，你必须构建你的好人缘。好人缘是职场人士成功的必备因素之一。因为人缘好，你认识的人越多，事情就越好办，所以，你不仅要与办公室内的同事搞好关系，还要编织好你的外围社交网络，诸如同学、邻居等，这些人也能在关键时刻伸出援助之手，帮你一把。

　　达明在坐长途汽车时，和邻座的一个人聊了起来。这个人过去是律师，后来逐渐厌倦这一行，就辞职自己开办了一家公司，现在这家公司发展得非常红火，他们聊得很投机。到目的地后，他们匆匆交换了名片，达明顺便也要了那个人的家庭住址和电话。

　　几个月后，达明所在的单位倒闭，他也就失业了，找工作找了几个月仍无着落，他非常着急。有一天，他忽然想起了那位在火车上遇到的人，于是就给他打电话，说明了自己的情况，问他那里有没有适合自己的岗位。虽然那个人的公司目前不缺人，但是那个人给达明介绍了另一家公司，让他去面试。就这样，达明找到了新的工作。

多一个朋友，等于增加了一种信息源

　　人生在世离不开友谊，多一个朋友，等于增加了一种信息源，多了一个保护层，多了一条生活之路，事业之路，快乐之路，所以赢得朋友无疑是社交活动的首要目的。

　　那么，我们如何赢得朋友并使友谊不断升华呢？

　　1. 尊重别人的个性和理解别人的缺点

　　有人认为，只有性格相近的人才能彼此理解，相交成友，其实不然。尽管个性的差异很容易造成人们在行为认识上的距离，给建立友谊带来困难，但任何人都有某些共同的属性，比如，希望被人尊重和理解，希望别人重情谊、讲义气，希望得到别人的帮助，等等。因此，人与人之间都能找到契合点。

　　与人相交，尊重别人的个性至关重要。在生活中我们都有各自的价值观念和审定善恶是非的标准，需要记住的是，我们自己的并非一定是最好的。有了这一条，我们为人处世就易宽容大度，我们就能容纳异己。美国人喜用一句格言：待人如望人待己，求生亦容人求生。说的正是这个意思。如果我们一味以自我为中心，强人所难，那么肯定会失去别人相应的尊重和理解，也就无法与人建立友谊。

人的个性是五彩缤纷的，有人豪爽大度，心直口快；有人谨小慎微，沉默寡言；有人活泼开朗，乐天知命；有人郁郁寡欢，多愁善感。有人粗犷，有人细腻，有人稳重，有人轻飘。这一切就犹如人们的外貌体型有美有丑、有高有矮、有胖有瘦一样正常普通。一般来说，我们不会以别人的高低胖瘦来判定其价值。那么，我们同样不能以别人的个性来做轻易界定。因为个性和品格绝非一回事。

个性的不同不会成为交往的严重障碍，这就要求相交的双方都具有良好的品格和交往的诚意。一旦性格相异的人建立了友谊成为知交，常常还能起到互为补偿的极好作用，粗犷的人往往比较大胆勇猛，细腻的人往往较为耐心周全，两者的结合对彼此都十分有利。

对朋友的缺点，我们应当学会理解和忍让。一个朋友对你说了粗话，过后他早已忘得一干二净，你却耿耿于怀，那么友谊可能在此一点上撕裂。如果你理解这仅仅是他的性格所致，便会付之一笑，不再计较。应该明白一点，是人都有缺点，都不完美，因此不应该把缺点过分放大，缺点就是缺点，如此而已。

2. 及时关心和雪中送炭的帮助

阿强在他的朋友圈子里算不上最出色的一个，无论从家境、职业、才气、体魄各方面讲，他都显得平平常常，但所有的朋友都把他视为知己。他出国的时候，朋友到机场依依不舍地送他。当他同他们一一握别、渐渐走远直至身影消逝后，朋友们都突然感到十分怅惘，一阵沉默过后，有一个人首先叹了一句"阿强的走是我们一大损失"，其他几个人也都发出相同的感叹和惋惜。阿强的朋友对他为何如此看重？

用他朋友的话说，阿强平时话不多，也不常参加朋友的聚会，甚至不常到朋友家串门，但他心中始终装着朋友，每当别人需要帮助时，他都会出现。俗语说，患难识知己。在困难和逆境中得到关心、帮助的人是最易感恩戴德的。同样，能及时地为别人送去帮助的人也最易赢得朋友的信任和忠诚。

朋友之间，如能像《三国演义》中桃园三结义的刘、关、张那样形影不离、情同手足当然不错。然而现实生活中朋友之间绝不可能空闲到日夜相随相伴的地步，即使是经常的谋面在一般友人间也是不易。

为了使友谊之树常青不老，使友情与日俱增，就该像阿强那样心里永远想着朋友，不是在自己需要朋友而是在朋友需要自己的时候出现在他们面前，特别是对那些个性较强、不轻易求助于人的朋友来说，别人主动给予的关心和切实有效的帮助能使他们满心感激，刻骨铭心。

3. 中肯的知心话和真诚的安慰

人与人的交往除了在学习、工作、生活中互助外，更重要的是心与心的交流。朋友之别于熟人，知己之别于普通朋友，关键就在于心的交流程度，有些人相识了数十年，仅仅是"相逢开口笑，过后不思量"。碰在一起时，也会有一句句客套的寒暄，有滔滔不绝的家常话，有天南地北地吹牛聊天，但从不能发展和增进彼此的关系。另一些人相识不久便一见如故，成为知心好友。套一句名言"山不在高有仙则灵"是说人与人之间是话不在多，中肯贴切则灵。要交朋友，要发展友谊，彼此说说知心话是必不可少和绝对需要的。

大家都有这样的经验，当我们同某一个人的交谈不再是海阔天空、漫无边际的闲聊或者是一本正经、礼貌周到的侃侃而谈，而是进入推心置腹的感情交流时，我们会觉得自己同交谈者的关系自然而然地深化了一层。在异性间，这能导向爱恋，在同性间却能导向友谊。

说知心话的前提是彼此间的坦诚和敞开心扉，只有如此才能形成心与心的交流。其次是彼此恰到好处的呼应，如果有人向你袒露了心事或秘密，你却处之泰然、无动于衷，那么别人会觉得误入歧途，再也不敢深谈下去，你也就失去了别人的信赖和友情。

当我们向别人述说心里话时至少证明了我们对那个人的信任，同时表达了我们对他的评价。因此，听的人便会觉得与讲的人之间具有非同一般的关系，会觉得自己负有了一种认真倾听并为讲述者进行分析思考、出谋划策的责任，同时为获得了别人的信任而欢欣鼓舞。如果这个人也有一些心里话积压着想找人述说，在这时往往会作为回报。于是两人关系就有了飞跃，普通的人就可能成为朋友，一般的友人就能变为知己。

如果我们能够根据以上几点要求，将心比心，真诚地对待朋友，我们必定都能拥有美好、长久的友谊。

采用曲折隐晦的言辞，达到目的

含蓄拒绝是采用曲折隐晦的言辞，达到拒绝的目的。也就是说，在拒绝时既不刺激对方，不伤害对方的感情，又不同意对方的看法或要求等。

美国总统弗兰克林·罗斯福在就任总统之前，曾在海军部担任要职。

有一次，他的一位好朋友向他打听海军在加勒比海一个小岛上建立潜艇基地的计划。这种军事机密当然不能随便泄露，但是如果直接拒绝又会伤害朋友，使气氛变得尴尬。罗斯福灵机一动，然后神秘地向四周看了看，压低声音问道："你能保密吗？"

"当然能。"

"那么，"罗斯福微笑地看着他，"我也能。"

弗兰克林·罗斯福采用的是含蓄的拒绝方法，其语言具有轻松幽默的情趣，表现了罗斯福高超的语言艺术，在朋友面前既坚持了不能泄露的原则立场，又没有使朋友陷入难堪，取得了极好的语言交际效果。以至于在罗斯福死后多年，这位朋友还能愉快地谈及这段总统逸事。相反，如果罗斯福表情严肃、义正词严地加以拒绝，甚至心怀疑虑，认真盘问对方为什么打听这个、有什么目的、受谁指使，岂不是小题大做，有煞风景，其结果必然是两人之间的友情出现裂痕甚至危机。

有一个男孩，暗恋一个女孩很久了，终于有一天男孩鼓起勇气对女孩表白了，但女孩并不喜欢男孩，委婉地拒绝了男孩。男孩还是不肯放弃。

于是男孩便给女孩写了这样一封信："昨天我喝了点酒，我好像记得我跟你表白了，但我的记性很差，我忘记了你昨天对我的回答是'行'还是'不行'了。你再写信告诉我一遍好吗？"

第二天，男孩收到了女孩的回信，信中女孩是这样回答的："昨天我记得是有人跟我表白，我的回答是'不行'，不过实在是很抱歉我的记忆力好像比你的还要差，我忘记了这些话我是对谁说的了。"

男孩一看，在无奈的苦笑中彻底死心，再也不去纠缠女孩了。

含蓄拒绝的目的就是希望对方知难而退。例如，有人想让庄子去做官，庄子并未直接拒绝，而是打了一个比方，说："你看到太庙里被当作供品的牛马了吗？当它尚未被宰杀时，披着华丽的布料，吃着最好的饲料，的确风光。但一到了太庙，被宰杀成为祭品，再想自由自在地生活着，可能吗？"这里庄子虽没有正面回答，但用了很贴切的比喻，含蓄地表明，让他去做官是不可能的。

生活中大家可能都有类似的经历：当你提出某个要求时，对方既不立即反对，却也不立即赞同，而是耐心地与你谈些似乎与主题有关却又模模糊糊的问题，整个谈话像在烟雾之中一样，最后连你自己都不明白自己是怎样被拒绝的。这一方法，称之为"模糊拒绝术"，也就是含蓄拒绝的方法。

日本的德川幕府时代，西方列强瓜分中国后，又对日本虎视眈眈，他们以武力要挟日本签订割让日本彦岛的条约。日方派高杉普作为谈判代表进行交涉。高杉普作曾到过中国，亲眼看见中国国土被列强瓜分的惨状。所以，为了国家的安危，他决心尽自己最大的努力与列强在谈判桌上周旋。签字仪式上，他为了拖延时间就滔滔不绝地说："我日本国，自从天照大神以来，就……"他把日本成长的历史一一叙述出来。历史文字一般都晦涩难懂，再译成其他语言，则更费时费力。高杉普作的这一做法，使翻译大为头痛，很多地方都不知如何用英语去表达。而西方列强代表更是听得云山雾罩。谈判最终无法分出胜负，签字之事据说就这样不了了之了，使日本国土得以保全。

高杉普作可谓是将含蓄拒绝的计谋发展到了很高的程度，在国家受到威胁时，他机智镇定地用委婉拒绝的方法挽救了国家。

在人际交往中，含蓄地拒绝体现了人际交往的灵活性，有利于处理好人与人之间的关系，运用得好，可以达到文雅得体、幽然含蓄、弦外有音、余味无穷的奇妙效果。

志良是一位医生，他有个朋友想请长假外出经商，于是打电话找他帮忙开个假的肝炎病历和报告单。对这种作假行为医院早已多次明令禁止，一经查实要严肃处理。但是由于两人是相交多年的好友，于是志良没有马上拒绝，而是约那位朋友晚上下班一起喝茶。

在环境幽雅的茶馆里，两个许久未见面的老朋友开始聊天。志良真诚地说："你上午跟我说的事情，我后来又认真考虑了一下。现在我们医院的情况是，一旦发现这种作假行为，就严肃处理，而我只是一名刚工作不久的医生，很多关系都没有。你们公司是不是也这样呢？如果是的话，我们应该先一起考虑一下事情的后果。"那位朋友听后，也认真想了想说："我一时没想那么多，经你这么一说，我也觉得这个办法不行。"志良说："很抱歉，没能帮上你的忙。"那位朋友说："哪里，是我考虑问题不周到，幸亏你提醒，否则差点犯错误。"

最后，两个好朋友握手互相道别。他们之间也并没有因此而心生芥蒂，两人还是很好的朋友。

由于共担可能出现的风险，对方就能由己及人地去想问题，体谅别人的难处。在人际交往中，只要还有一线希望达到目的，谁也不愿意轻易地接受拒绝。在拒绝别人的要求时，铁一样的事实摆在眼前，无论怎样坚持意见的人，也不能不放弃自己的要求。

由于人的自尊心，有求于别人时往往都带着惴惴不安的心理，如果一开始就说"不行"，势必会伤害对方的自尊，使对方不安的心理急剧加速，失去平衡，引起强烈的反感，从而产生不良后果。因此，不宜一开口就说"不行"，应该尊重对方的愿望，先说关心、同情的话，然后再讲清实际情况，说明无法接受要求的理由。由于先说了那些让人听了产生共鸣的话，对方才能相信你所陈述的情况是真实的，相信你的拒绝是出于无奈，从而表示理解。

当拒绝别人时，不但要考虑到对方可能产生的反应，还要注意准确恰当地措辞。比如你拒聘某人时，如果悉数罗列他的缺点，会十分伤害他的自尊心。倒可以先称赞他的优点，然后再指出缺点，说明不得不这样处置的理由，对方也能更容易接受，甚至感激你。对别人的要求要洗耳恭听，对自己不能答应的事要表示抱歉，这些都是在你回答"不"之前所应思考的。尤其当要求的对方是上级时，说话更要留余地。总之，拒绝人不是伤害人。说"不"之前，注意要做到这几点：

降低对方对你的期望。

让对方明白自己的处境。

尽量使你的话温柔缓和。

拒绝无疑会令人不快，所以才更加需要"委婉"地拒绝。特别是上级、师长拒绝下级、晚辈的要求，不能盛气凌人，要以同情的态度、关切的口吻讲述理由，使之心服。在结束交谈时，要热情握手，热情相送，表示歉意。一次成功的拒绝，不仅不会影响双方的感情，更可能为将来的重新握手、更深层次的交际播下希望的种子。

让对方感受到你的真诚和善意

拒绝是一门艺术，它最核心的原则就是无论用什么样的方法，一定要让对方感受到你的真诚和善意，从而取得理解和共识。通常情况下，先不要急于表达，认真地提问和倾听可以帮助你理解他为什么会这么做，而不至于让自己很快产生不必要的情绪，影响交谈。当你理解了他的要求时，表达出你对他的理解和友好的愿望，然后再让他理解你的想法和需要，告诉他，你之所以不能这样做的理由。如果你们在某些问题上有分歧，需要你坚定但友善地告诉他你的想法，并让他看到你的坚持。

启功先生是我国著名的书法家，在 20 世纪 70 年代末向他求学、求教的人就已经很多了，以致先生住的小巷终日脚步声和敲门声不断，惹得先生自嘲说："我真成了动物园里供人参观的大熊猫了！"有一次先生患了重感冒起不了床，又怕有人敲门，就在一张白纸上写了四句："熊猫病了，谢绝参观；如敲门窗，罚款一元。"先生虽然病了，但仍不失幽默。

启功先生是不得已而为之，因为他的身体实在支撑不起。那么，直截了当地拒绝人们的所求又不符合先生做人处世的原则，所以最后才采用了这种幽默的拒绝方式。同是拒绝求人者，不同的拒绝方式给人的感受是不同的，有的拒绝能让人接受和理解，而有的拒绝则使人仇视和反感。可见，同是拒绝，还是应该多注意些方式，多讲究些艺术。

俄国著名化学家门捷列夫，他的最大贡献就是发现了化学元素的周期表。门捷列夫是个治学严谨的人，他的时间观念相当强，差不多把每天的时间都安排得满满的。一天，一个熟人到门捷列夫家里做客，他一坐下来就喋喋不休地讲着。直到说得累了，才意识到可能自己的话太多，就问道："我是不是使你感到厌烦了？"门捷列夫过了好一会儿才回过神来，回答说："对不起，你刚才说到哪儿了？你继续说吧，我正在想自己的事呢。"那人一听，有些吃惊，原来自己讲了半天，对方却一句话也没听进去，那人终于知趣地告辞离开。

一次，一个妇人找到林肯理直气壮地说："总统先生，你一定要给我儿子一个上校的职位。我们应该有这样的权利，因为我的祖父曾参加过雷新顿战役，我的叔父在布拉敦斯堡是唯一没有逃跑的人，而我的父亲又参加过纳奥林斯之战，我丈夫是在曼特莱战死的，所以……"林肯回答说："夫人，你们一家三代为国服务，对国家的贡献实在够多了，我深表敬意。现在你能不能给别人一个为国效命的机会？"机智幽默的回答巧妙地使那妇人无话可说，只好悄悄走了。

拒绝分为几种情形：

一种是直截了当的拒绝。被求者不加掩饰，直接告诉对方所求之事不能办，干脆利落，不拖泥带水。再一种是曲来绕去的拒绝，这就是说被求者碍于面子，不便直接回绝求人者，就先绕一个大弯子，将所求之事先应承下来，而实际上又未做明确的承诺，抑或说早已暗示此事根本就办不成。

还有一种是无奈的拒绝，是被求者对人所求之事，应承有难处，不应承又不好直言相告，于是就采取一种暂时拖延的迂回方式。启功先生采取的这种幽默的拒绝方式，或许有些许无奈，但是让人觉得充满了人情味。

记住，表达友好和善意是我们拒绝时最重要的原则，它可以帮助我们建立更适宜和恰当的人际关系，在这个前提下，您可以灵活使用各种方法，有时候找一点小借口，或者介绍其他人帮他找到解决之道。幽默的拒绝，绝对会为你在人际交往中的形象加分。

异性交往，要注意分寸

"男人和女人可以成为朋友吗？"答案是肯定的。除却爱情，成为朋友常常是他们之间最好的、恰当的交往方式。正因为存在性别的差异，异性友谊才显得更加引人注意。

异性友谊很多都可以发展成爱情，所以它经常会招来许多流言蜚语，使人们面对渴望的友情止步不前。

应该认识到的是，女性更需要异性朋友。男人与女人的友谊，的确可以同女人之间的友谊一样，亲密、无拘无束而又天长地久。

实际上与男人建立起非性关系的友谊不仅是可能的，而且有可能成为一种很有益的生活方式。

喀秋莎就是一个把男人列入好朋友之列的女人，她这样描述她的异性朋友：

"我从男人那里学到了一些女性朋友不能给予的东西。我这样说不是看不起我的同性，我是说男人确实具有不同于我们的志趣。比如钓鱼，就多半是男人热心从事的活动，女人则很少对此感兴趣。我的一个男朋友，最近带我去钓了次鱼，我钓到一条红色的真鲷，我自己也跟着上了瘾，迷上了钓鱼。现在我每周末都去钓鱼，有时和他一起去，有时通过他认识的人一起去。那是一个崭新的世界。我开始读海洋生物方面的书，这确实扩大了我的视野。"与很多男人做朋友，比起夫妻关系的优点是，不指责对方，不占有对方，更无须去讨好对方。男女之间，不一定非得做了情人，才能成为"最好的朋友"。

同样，一个男人希望在与一个女人的关系中获得某种不同于他与一个男人的关系中获得的东西。他可能会在感到孤独时去找她。跟男性朋友在一起，他们可能只谈那些不关痛痒的事情，而跟女性在一起，他则希望她深入他的内心深处。跟女人在一起，男人更乐意解除戒备，暴露他的弱点，泄露他的憨傻、差错，说出他不成熟的想法和他异想天开的幻想。一个女性朋友可以帮助他加深对某事的认识，听听麦克是怎么说的：

"跟我的女性朋友杰希交谈，我感觉很惬意，我们无所不谈——工作、家庭、我那些日复一日的忧烦、我的思想、见解等。她非常乐于向我提一些恰如其分的问题让我思考。她从没有让我感到下不了台。如果我有什么为难的或抑郁寡欢或困惑不解的事，她似乎都知道该说什么。她向我谈她生活中的男人，她工作上的问题，我又尽量帮助她。有时给她讲解在商业界的经验，有时给她讲男人是怎样想的以及他们所作所为的原因。在我跟杰希讲述时，我经常惊奇地发现我竟还晓得很多过去不曾意识到的东西。"

一个男人是可能与一个女人保持一种没有性关系的亲密友谊的。排除了性的干扰，一些因为性的介入而让人麻木不仁、视而不见的地方便可能昭然若揭。摆脱了因性的介入产生的紧张情绪，摆脱了笼罩着男人之间的友谊的局限，这种和女人的具有伸缩性的友谊，便使一个男人有了一种平衡、诚实的情感交流。

怎样才能把握好与异性朋友相处的分寸呢？要保持正常的心态。不可自己潜意识把你和她（他）相处的关系发展到感情的程度，如果是这样的话，自己和她（他）相处会感到很别扭。

你要保持足够的信心。尽可能地把自己想要表达的事情表达清楚即可，要谈你们共同的话题，才不至于冷场。

自己举止要得体。不要在异性面前表现得很轻佻，谈话时切记不要总是盯着对方看。

在异性朋友之间的交往中，如果其中一方只想着与对方建立友谊而不是爱情，那么对方也会来呼应他。这样，两性间才会建立起良好的、高尚的关系。这样，男女双方都将成为胜利者。男人与女人的友谊，就可以和女人之间的友谊一样亲密、一样无拘无束而又天长地久。但与异性朋友交往仍需要把握分寸。

INTERPERSONAL
PSYCHOLOGY

第二章

以心换心，赢得
朋友心理学

以诚交友，信任是获得友谊的前提

信任无疑是获得友谊最重要的前提，它是交友的基础与不可或缺的内容，假如没有了信任，那么彼此间的关系只能是形同路人，根本谈不上友谊。

从前，有两个年轻人一起穿越一片森林。在路上一个对另一个说："我们是好朋友，当大熊向你扑来时，我会全力以赴帮助你。"另一个听了他的话笑了笑说："我也是。"不久，他们果真遇到了一只大熊。大熊笨重地向他们扑来，第一个开口说话的年轻人飞快地爬上附近的一棵树，另一个未能爬上树的便躺在地上屏住呼吸装死，大熊在他脸上嗅了嗅便走开了。爬到树上的年轻人下来后问："刚才大熊对你说了些什么？""患难朋友才是真朋友。"我记住了这句话。

魏刚和佟军是从小一起玩泥巴长大的朋友，大学毕业后两人在同一城市工作。佟军经常到魏刚家来玩，魏刚把家门钥匙给了佟军一把，魏刚的家几乎成了佟军的家，佟军对魏刚家的情况了如指掌。魏刚有了女朋友后佟军还是魏刚家的常客。有一天女友的那枚金戒指丢了，那是魏刚的订婚戒指，翻遍了整个屋子都没找到。魏刚问佟军是否看见了那枚戒指，佟军说没见到，还帮他们找了半天。佟军走后女友怀疑是佟军干的，魏刚说他不是那种人。女友说这段时间除了佟军再也没有外人来过。一星期过去了，戒指仍不见踪影。女友要求换锁，魏刚不同意，她又让魏刚把佟军手中的那把钥匙要过来，魏刚更不同意。她说魏刚眼里只有佟军没有她，于是便提出分手。

魏刚只得换锁，换锁时佟军来找魏刚，魏刚很不好意思，佟军主动把钥匙交给了魏刚，他说："为难你了。"听了佟军的话魏刚羞愧难当，便拿起锤子砸新锁，被佟军劝住了，他说："完全没必要砸，换就换吧，只要友谊不上锁。"魏刚会心地笑了。一次洗面镜下的水池堵塞，修理时魏刚在水池管道中找到了那枚戒指，魏刚想，戒指肯定是女友洗脸时不慎掉入池中的，而自己却偏偏没有注意到。魏刚顿时明白，佟军对自己的信任要远远高于一枚戒指，在友谊面前，一枚戒指能算得了什么？这枚戒指让魏刚看到了比金子更可贵的心。

后来魏刚借钱开了一家酒店，由于经验不足刚开业的那段时间生意很冷清，几乎要关门了，但魏刚发现每天晚上总有一个人要来买几瓶很昂贵的酒，买完酒从不在店里喝，提上就走。魏刚问买酒人是怎么回事，他说酒不是他买的，而是站在门外的那个人叫他买的，夜幕中魏刚看清了站在门外的那个人的模样，是佟军！当时魏刚感动得热泪盈眶，两个人紧紧地拥抱在了一起。

友谊不上锁，只有拥有信任，不上锁的友谊才是经得住时间、金钱、地位考验的友谊；不上锁的友谊才是在世俗的是非恩怨中不改变旋转方向的友谊。穿越人生的风风雨雨，危难彰显友谊的力量。友谊是万木凋谢后在寒风中以铮铮铁骨坚守无声的盟约，风折不断、雪摧不垮地将春天的第一声消息和问候吐露给你的那朵红梅。朋友的"朋"是两块肉连在一起的，当一块肉痛时另一块肉也会痛，一块肉笑时另一块肉也一定会笑。

交友保持平常心，过了度别人会反感

朋友之间在社交活动中应当尽量保持一种平等的心态，而不应像孟尝君对其门下食客那样以一种盛气凌人的架势凌驾于别人之上，否则的话，那就是一种压抑的社交，会导致友谊的破裂。

举个例子，在毕业后的同学聚会上，本应是老同学、老朋友畅叙旧情，但是有的人却出手阔绰，同学会成了他显示自己富有的展示会，可他自己却没有意识到自己的那种奢华在别人眼中已成了一种炫耀，甚至变成了施舍。同学聚会最忌讳的就是趾高气扬。时过境迁，每个人境况不同，虽有富贵与贫贱之分，但同学的概念就是一种平等的概念。你或许如孟尝君般富有，但同学并非你的门下食客，所以，同学之间可以接受友情却绝不会接受居高临下的施舍。这种人错就错在用挥金如土的行动去答谢那些曾经帮助过自己的同学，他们忽视了如今境况远不如己的同学的心理承受能力。殊不知过度的慷慨其实就是炫耀，弄不好还会被生活拮据的同学误解成侮辱，尽管这些人的本意并非如此，但角度不同其感觉也会不一样的。

俗话说"吃人家的嘴软，拿人家的手短"。这个"短"在同事之间尤为重要，因而这一点也是同事间交往的一大忌讳。因为同事之间存在共同的利害冲突，如职务迁升、职称评定、福利分配等，面对如此激烈的竞争与自我的生存，同事之间是互有戒心的，即使关系很好的同事也会暗中设防。既然如此，谁都不想授柄于别人，更何况人情难还呢，倘若日后有不情之请，欠情的一方势必陷入进退两难的困境。比如，有的人在与同事共餐时总是抢着买单，别人就会觉得他有所图或有所求，自然而然不敢赊欠这份日后要偿还的人情债，也只好敬而远之了。

在崇尚个性张扬与人格自主的现代交际中，每个人都想保持相对的独立性，不想为人情所累，更不想因此而丧失自我。在同学、同事及朋友之间，人格是平等的，地位也是平等的，虽说朋友有通财之谊，那也是平行的双向交流，所以要掌握好尺度注意分寸，否则，就会被认为凌驾于友情之上，落得个事与愿违的下场。

古训曰：君子之交淡如水。这其中的哲理相当深奥，倘若我们大家都能咀嚼出其中真正的滋味，也就不会充当孟尝君，更不会因自己的真诚与好意落得个"流水有意，落花无情"而困惑、委屈了。所以，我们在社交中应尽量以平等的心态对人，适度地慷慨大方，不能因为过度而引起别人的反感。

尊重别人，就是尊重我们自己

有很多人在社交中往往凭一己之见或对某些人第一印象不佳而轻视他们。这其实是建立融洽人际关系的大忌，对人际关系影响至深。

当你轻视别人的时候，你会在说话或者行动中表现出来，慢慢的别人同样会轻视你。在被你轻视的人当中，极有可能出现日后决定你命运的关键性人物。所以，尊重和善待每一个你所接触到的人，就是尊重和善待我们的生命。

美国某大学的心理学家曾做过一个实验，他们把一个班水平相当的学生分成三组，接着对第一组学生说："你们是这个班上最有潜力的学生，只要好好努力，将会前途无量。"对第二组学生不予理睬，无视他们的存在；最后对第三组学生进行批评。结果，被称赞和鼓励的第一组学生成绩有了很大提高，接受批评的第三组学生也有少许的进步，而进步最小的是不被理睬的第二组学生。

有位知名的教授经常在班上练习如何褒扬他人。他时常让同学们一个个站在全班同学面前，让他赞扬其他同学。

这个方法不仅使全班感到愉快，而且也充分显示出人性的另一面。有一个被同学称笑容很美的学生说："我和他同窗已经十五年了，可是这是他第一次注意到我的笑容而夸奖我。"

这种情形也很可能发生在你我身上，为何不说呢？

为何不练习夸奖他人呢？

为何不找出鼓励他人的方法呢？

人们注意的总是自己，当一张团体照发到你的手里，你第一个注意的是谁？肯定是你自己。但是人生活在社会中，不能只靠一个人孤立于世而生存，所以还必须时时注意别人。

人际交往中，我们往往愿意趋近那些权势大、地位高的"显赫"人物，对他们趋之若鹜，许多人绞尽脑汁、千方百计找人托人帮忙要与这些人拉上关系，说到底无非是为了在适当的时候捞到一点好处。但这种靠溜须拍马、送礼、拉关系建立的人缘是为人们所不齿的，也是不牢靠的，一旦对方"风吹墙倒"，也只有逃之夭夭了。

所以，我们的交往，应该针对一切人，平等交往，不因对方的名声、职位、身份、地位而异，我们看重的不能只是这些外在的东西，而是一个人的内涵，他的人品，他的内在潜能，一旦与这样的人结成人缘，或者可以成为人生的导师，在彷徨迷路时得到指点；或者成为你的挚友，可以共享欢乐，分担忧愁；或者在你最孤立无援时得到一臂之助。不要轻视任何人，每个人都有他的优点和特长，说不定你的弱项正是他们的强项，说不定关键时刻给你帮助最大的是你平时最不起眼的朋友。不要轻视一个人的职业，每一份存在的职业都有它的作用。整个社会是一台庞大的机器，那么任何一个不起眼的职业就是一枚小螺丝钉，一旦缺少的话，机器迟早会出现故障。你的生活离不开别人的细小的工作，你吃的每一口饭，你穿的每一件衣服，可以说你的一切的一切，都凝聚着无数人无法计量的细微的工作。

有位曾在苏州打字机二厂当过模具工人的年轻人，自幼喜爱刻图章、画画、书法，后来，他开始钻研在头发上刻字，被许多人讥笑。经过多次失败的磨炼，他终于在头发上刻出诗句。这些字要用显微镜才能看得见。消息一出，轰动于世，他被人们誉为"旷古奇才，绝艺惊人"的"青年发刻艺术家"。

别轻视别人，要知道现代最伟大的物理学家、相对论的提出者爱因斯坦小时候被老师认为是最笨的学生，有一次老师让班上每个人做一条小板凳，最后老师把他的挑出来，说是全球最丑陋的；大发明家爱迪生小时候被老师认为"没法教育"而由母亲带回家中自教，最后他们终于扬名于世。不平凡的人物常常从最不平凡的事情做起，正是在平凡的工作中创造了不平凡的业绩。

要想真正得到尊重，必须从细节做起

在社交中我们要注意的有很多，特别是那些看似无关紧要的细节，往往更能检验出一个人真正的品格和修养。要想真正得到尊重，就必须从细节做起。

细节，因其格外细小而常常被人忽略，但这绝不意味着细节无关紧要。大量事实表明，能否充分重视交际中的细节，直接关系到交往的成败，正所谓"成也细节，败也细节"，精细者常常可以因为重视细节而旗开得胜，粗心者则常因忽略细节而功亏一篑。

有个老人一向为人豪爽，常常主动借钱接济四方。有个好赌的无赖听说此事，就找到老人借钱。老人答应了他，可就在这时，老人发现了这位借钱者的一个极其熟练的动作，这位借钱者见案头放着几枚铜钱，便伸出手来，将那几枚铜钱"高下叠放，如此再三"。老人立即由这个细节看出，此乃赌徒的习惯动作，所以从此不再借钱给他！

其实，在我们的身边也出现过不少因为疏忽细节造成重大损失的教训。

我国内地有家工厂，为了从美国引进一条生产先进无菌输液软管的流水线，做了长期的艰苦努力，终于说服了对方，且美方代表也已来到中国，就差在合同上正式签字了。可是，就在步入签字会场的那一刹那，中方厂长突然咳嗽了一声，一口痰涌了上来，他环视了一下，一时没有找到痰盂，便随口把痰吐在了墙角，并小心翼翼地用鞋底蹭了蹭。那位精细的美国人见此情景，不由得皱了皱眉。显然，这个随地吐痰的小小细节引起了他深深的忧虑：输液软管是专供病人输液用的，必须绝对无菌才能符合标准，可西装革履的中方厂长居然会随地吐痰，想必该厂工人的素质必定不高，如此生产出的输液软管，怎能保证绝对无菌？于是当即断然拒绝在合同上签字——中方将近一年的努力也在转瞬间前功尽弃！

一个"细节"砸了一笔生意，这不能不引起我们的深思！反之，如果注意了细节，往往就奠定了成功的基础。

某公司高薪招聘一位白领员工，不少人前来应聘，但只有一个顺利过关。为什么？因为细心的经理注意到了一个细节，这就是当女服务员为这些应聘者送来茶水时，只有他一个人很礼貌地站起，并用双手接过，还说了声"谢谢"。

无独有偶，有家幼儿园招聘园长，在众多的应聘者中也是只有一人顺利过关，其原因也是因为一个细节，就是只有她一个人在上楼梯时，为站在那里的一个流着鼻涕的小男孩擦了擦鼻涕，而这个被大家忽略了的小男孩，却是招聘者提前安排好的。他就是试题。然而很多人视若无睹地从他身边经过，最终失败还稀里糊涂。不是吗？一个合格的幼教工作者的首要条件就是充满爱心，理应真诚地热爱孩子。缺乏爱心，其他素质再高都没有任何意义，而那位有幸被录用的女士也正是通过主动为孩子擦鼻涕的细节体现了她的神圣的爱心。

由此可见，在交际场合中，尤其是事关重大的交际场合，请千万注意细节，千万做到"滴水不漏""一丝不苟"，这样你才会塑造出完美的社交形象来。

交往中必须分清是友还是伴

一位同学愤愤不平、委屈不已地向我讲了这么一件事：他听到别人在背后议论某某人，出于对朋友的关心（他一直把这个人当作自己的朋友），他把别人的议论转告给了这个人并提醒他要加以注意。不想这个人竟然恼羞成怒，不但没有接受他的忠告，反而指桑骂槐地对他进行责骂和讥讽。他惊气之余大惑不解：自己的朋友怎么会这样？我听了以后淡然一笑，对他说："是你自己太单纯了，其实你们根本就不是朋友。""不是朋友？我们天天在一起玩，很不错的"，他反驳说。我点点头，"是啊，在一起玩，可你们只是伴儿。"他愣怔半晌，恍然大悟。

生活中这种类似的情况实在太多了，可是稍加分析，往往是因为我们自己"一厢情愿"的美好想象使我们在人与事的判断上产生了失误，以致招来无谓的忧伤和失望，徒然地自寻烦恼。究竟是真正的朋友还是一般的伙伴，我们常常是分不清也不愿意去分清的，我们被那种没有利害冲突时彼此所表现出的亲昵、友好蒙蔽了；另一方面，我们在潜意识里也希望大家都是自己的朋友，而不愿意把这种关系蒙上世故的灰尘，我们乐于把伙伴关系加以升华，而使自己满足于"朋友遍天下"的自我遐想之中，然而这毕竟只是单方面的美好愿望，并不现实。因此，在人与人之间的交往中必须分清是友还是伴。

在这个充满了功利性和商业性的社会里，人将变得越来越复杂，人与人之间的关系也难以那么透明，那么清澈。一旦彼此的利益受到刺激、伤害，虚假的朋友便会原形毕露。这并不可怕，因为事实上不可能任何人都能成为自己的朋友，大多数人只能是伴。希望任何人都是自己的朋友，是不切实际的，说得尖刻一些，这其实也是一种弱者的心态。坦然而平静地面对花开花落、阴晴圆缺等不尽如人意的现象，这才是现代人明智的态度。我只是想说，如果我们事先能够明智地把朋友与伙伴判别得清清楚楚，我们还会为那朵"留不住的白云"而感到意外、伤心和失望吗?

　　人生有很长的路需要走，为了消除寂寞，我们需要结伴；为了实现志向，我们需要交友。友与伴都是我们个人生命历程中所不可缺少的，在我看来他们都是重要的，有裨益的。然而两者的区别则是根本性的：作为朋友，就是把双方看成了一个整体，并能为对方做出奉献和牺牲，感情牢固而持久；而作为伙伴，则并未视双方为一体，你是你，我是我，不能为对方做出奉献和牺牲，感情上是聚则合、分则离。于是就有了伙伴易寻而朋友难得；伙伴短暂而朋友长久；伙伴众多且有阶段性而朋友虽少却相对稳固。拥有真正的朋友固然是一件美事，但对朋友的希望、要求依然需要有一个准确的界限。否则，朋友之间的感情将会出现裂痕，甚至有可能使多年的友谊毁于一旦。

　　笔者有个朋友，家里因修房屋与人发生冲突，我自然站在朋友一边，当然尽可能客观公正地去调解。但朋友后来竟提出无礼要求，让我同他的亲友一起去同对方打架，这让我十分为难，我的职业和社会形象以及我自己做人的准则都不允许我与人斗殴，我拒绝了，并且直言靠打架并非解决问题的最佳方案，而应该彼此退让，和解为上。结果，他认为我不能为朋友出力，而我则认为他对朋友的要求过分，双方闷气了一周多的时间。后来他得知我尽了自己的能力四处托人为他们疏通、调解，他冷静后也意识到了自己对朋友的要求很不妥当，我们又和好如初，依然情同手足，他家的房屋纠纷也和平地得到了解决。

古人曾说："人生得一知己足矣。"又说："同门为朋，同志为友。"可见古时候"朋友"是要求极高、十分难得的。虽然今天我们大可不必以此标准来严格取舍，但我们也的确很无奈地看到，时下许多社交场合中那种朋友来朋友去的甜言蜜语，毫无疑问是把"朋友"这个词的外延扩大了而使其贬值。也许这仅仅只是一种言不由衷、心照不宣的应酬手段，不必大惊小怪，但我们总有一种美好的东西被轻蔑、被亵渎了的感觉。今天令我们扼腕惊叹、撼人心魄的如管仲鲍叔牙那样的生死之交似乎已极少见，但我们仍然有充分的理由相信，人间必有真情在，正是这种友情使忙碌的人类变得温和，变得可爱。

我们需要伙伴，我们更需要朋友。我们不为伙伴的轻易离去而忧伤，也不完全去依赖朋友。朋友也罢，伙伴也罢，决定我们人生的还是我们自己。

别人有愧对我们的地方，应该乐于忘记

我们在人际交往中，应该向古人学习，要大度，不记旧恶，忘记以前的不快，对待曾经与自己产生矛盾的人要宽容，不要一味地报复，才是一个干大事的人搞人际关系的准则。

别人对我们的帮助，千万不能忘了，反之，别人倘若有愧对我们的地方，应该乐于忘记。

乐于忘记是一种心理平衡。康德有一句名言叫作："生气是用别人的过错来惩罚自己。"老是念念不忘得罪自己的人，实际上最受其害的就是自己的心灵，搞得自己痛苦不堪。

乐于忘记是灵活做人的一个特征，既往不咎的人，才可甩掉沉重的包袱，而大踏步地前进。人要有点"不念旧恶"的精神，况且在同事之间，在许多情况下，人们误以为对自己不好，也未必就真的是什么不好。退一步说，即使是对自己不好，对方心存歉疚，诚惶诚恐，你胸怀大度，不念旧恶，以礼相待，说不定能交到一个朋友。

唐朝的李靖，曾任隋炀帝的郡丞，最早发现李渊有图谋天下之意，亲自向隋炀帝检举揭发。李渊灭隋后要手刃李靖，李世民反对报复，再三强求保他一命。后来，李靖驰骋疆场，征战不疲，安邦定国，为唐朝立下赫赫战功；魏征曾鼓动太子建成杀掉李世民，李世民同样不计旧怨，量才重用，使魏征觉得"喜逢知己之主，竭其力用"，也为唐王朝立下了丰功。宋代的王安石对苏东坡的态度，应当说，也是有那么一点"恶"行的。他当宰相那阵子，因为苏东坡与他政见不同，便借故将苏东坡降职减薪，贬官到了黄州，搞得他好不凄惨。然而，苏东坡胸怀大度，他根本不把这事放在心上，更不念旧恶。王安石从宰相位子上垮台后，两人关系反倒好了起来。他不断写信给隐居金陵的王安石，或共叙友情，互相勉励，或讨论学问，十分投机。

相传唐朝宰相陆贽，有职有权时，曾偏听偏信，认为太常博士李吉甫结伙营私，便把他贬到明州做长史。不久，陆垫被罢相，贬到明州附近的忠州当别驾。后任的宰相明知李、陆有点私怨，便玩弄权术，特意提拔李吉甫为忠州刺史，让他去当陆贽的顶头上司，意在借刀杀人。不想李吉甫不计旧怨，而且，"只缘恐惧传须亲"，上任伊始，便特意与陆贽饮酒结欢，使那位现任宰相借刀杀人之阴谋成了泡影。对此，陆贽深受感动，便积极出点子，协助李吉甫把忠州治理得一天比一天好。李吉甫不图报复，宽待了别人，也帮助了自己。

宽容能够化干戈为玉帛，能体现智者的胸怀与宽厚。要想干一番大事业，就必须具有海纳百川的气度和超人的气量。做大事，要能容人，更要能包容不同的意见和看法，能与不同性格的人相处、共处大业。在工作和生活中，总是要面对很多人与人之间的矛盾和纠葛，如果没有宽容的胸怀，只会使自己的路越走越窄。

当我们有对不起别人的地方时，是多么渴望得到对方的谅解。将心比心，那些对不起你，得罪过你的人，也很希望你原谅他们。我们何不大度一点，宽容一点，忘掉以前的不快，重新交往呢？也许那些你原谅的人，往后会对你的事业有很大帮助。

适者生存，朋友之间有竞争

物竞天择，适者生存。朋友之间也有竞争，这是一个不容置疑的问题。但关键是朋友之间应该怎样竞争？

先讲一个朋友之间竞争失败的例子。某机关要从一部门中择优录用一名干部，该部门中两位出类拔萃的青年都在被选之列。由于这两位青年各方面都非常优秀，究竟选谁让前去考查的人大伤脑筋。这两位原本无话不谈的朋友，现在虽然表面上平静如初，暗地里却互相展开竞争。由于竞争太过激烈，且二人都在迫不得已的情况下使用了不正当的竞争手段，于是，上级领导一怒之下，便从其他部门选拔了干部。这两位青年从此不但反目成仇，而且都一蹶不振。难道一山真的是不容二虎吗？应该懂得，无论什么场合，寸步不让、寸利必争的明争暗斗，只能是两败俱伤。

相反，在世人看来尽是尔虞我诈的商界，却有一段朋友之间你追我赶、共同前进的故事。王玉明和李志强都是某名牌大学的毕业生，两个好朋友又同时进入某公司的同一部门就职。两人的业务水平和组织管理能力相差不大，在部门负责人调往外地分公司前，推荐王玉明接任他的职务。群众民主推荐时，两个人都是榜上有名。在考查谈话时，王玉明极力推荐李志强，李志强又极力推荐王玉明。结果，领导因王玉明谦逊、能发现和利用人才而更加器重他，同时也庆幸又发现了李志强这样一个人才，两人分别担任了部门正副职。两人在工作中配合默契，李志强时刻注意把成绩记在王玉明身上，使公司领导更加重视王玉明。两年之后，王玉明升任公司副总。又过了两年，李志强也因工作成绩显著，又有王玉明的极力推荐而升任副总。一山居二虎，总得有一虎为王，待到它开拓了疆域，到别的山上去时，剩下的这只虎自然也是王了。假如二人为一部门负责人而争斗不休，恐怕早已被清除出公司，哪还会有今日的事业辉煌、前途无量？

那么朋友之间应该怎样竞争呢？假如你不想再拥有友情和事业，你可以孤注一掷，和他拼个你死我活。假如你觉得自己在某些方面的确赶不上对方，不如先让对方出头。这样做，一是他会感激你，会时时处处尽力帮助你；二是山上只剩下你这一只老虎，便可以大显神威，以过人的才干做出出色的成绩，成功之日亦不会太远。

假如你觉得对方确实不如自己，不妨和他推心置腹地谈一次，讲明利害关系，说一声：朋友，请让我先来！

越是好朋友越容易出现矛盾

丽萨·弗莱同保拉·特纳从小一起长大，她们从未怀疑过这份友谊将会永远保持下去，但弗莱结婚后，搬到另一个城市并生了孩子，她给特纳的信突然没了回音。"你觉得是不是我什么地方得罪她了？"弗莱问丈夫。同时，特纳也相信，自己对弗莱已不再重要，"她现在成家了，"她对自己说："我们现在不一样了，不能再像以前那般亲密了。"

最后，弗莱鼓足勇气给特纳打电话。开始的时候，交谈很尴尬。不久，她们就都意识到，她们都很想念对方。一个月之后，她们又回到了从前的老样子，一起开怀大笑，互相鼓励。

"感谢上帝，我最后采取了行动，"弗莱说，"我们意识到在对方心中我们像以往一样重要。"

人们有充分的理由来保护友谊。几年前，一个公众意见调查公司要求 2007 人确认他们认为最重要的两件事情，友谊名列榜首，远远超过家庭、工作、衣服及汽车。

"一份友谊记载着在一起的经历及相互影响的历史，让我们明白自己，彼此联系，"心理学家多纳尔多·潘南说，"这是一笔我们应保护的财产。"

研究交际学的教授布朗特·伯森说，具有讽刺意味的是，"越是好朋友就越可能碰到些矛盾"，其结果可能正是你不愿意看到的——结束友谊，但是值得欣慰的是，有部分破裂的友谊是可以得到修补的，因此专家建议首先要放下架子。

　　这不太容易，但是当友谊变得苦涩的时候，夏威夷的黑喀姆空军基地的丹尼斯·莫兰德就这样做了。45 岁的莫兰德替诺拉·维辛格看护她的两个女儿将近四个月，这些孩子同她们在基地的父亲住在一起。而 40 岁的维辛格在另一个洲接受牙科保健培训。"诺拉能让我来帮助她我感到很荣幸。"莫兰德说。

　　当维辛格在圣诞节回来后莫兰德回忆说："我有很多话对她说，但她一直没给我打电话。"一次女儿过生日派对，可是莫兰德没有收到邀请。"我觉得我被利用了。"她说。

　　开始的时候，莫兰德发誓再也不理维辛格。后来她决定放下架子，让她的朋友知道她的感觉，维辛格承认说在她受培训期间和家人的分离使她很焦虑，以至于忽略了朋友的帮助。今天她说："如果丹尼斯不就此事给我打电话，我对所发生的事情会一直一无所知。"

　　当朋友伤害了你的时候，本能地想保护自己，但是这使得问题的解决更难。《关系交际学》的作者威廉姆·威尔莫特解释说："当分歧摆到桌面上时，我们大部分人都会觉得松了一口气。"

　　没有人会允许自己受到别人感情的凌辱，但做了一段朋友之后，即使是最好的人也会有出错的时候。"如果侵犯者拒绝首先迈出和解的第一步，友谊就会停滞不前，"威尔莫特解释说，"在这种情况下，最好受委屈的一方走出第一步去道歉——为不使对方不高兴，因为没有理解朋友的处境而道歉的时候，你就给了朋友一个鼓起勇气的机会。"

　　这种情况也曾发生在二十九岁的推销员身上。那时，一场关于未付的房租问题的争论威胁着他同一个大学同学的友谊，因为这个推销员和他大学同学都签了租约，半摊租金。毕业后，推销员催过他的朋友还债。最后，房主威胁说要通过控告他们来拿回欠款。推销员给他朋友打电话，咆哮道："这不是闹着玩儿的！你正在毁我的信誉。"后来他又对自己的失态很后悔，他知道他的朋友并不想伤害他，他只是不负责任，"虽然我的朋友应该为给我造成的后果道歉，但是我也不应该发火。我不希望此事毁掉我们的友谊。"他说。当推销员打电话道歉的时候，朋友承认是自己错了，他道了歉并还清了债。

专家们一致认为，当你心烦意乱的时候，你做的最坏的一件事情就是挑起争端。有人讲："吵架的时候我们并没有想清楚发生了什么，这非常不理智。"

错了，不要为自己辩护

谁都难免会在前进的途中，出现这样或那样的过错。对于一个欲达到既定目标，走向成功的人来说，正确对待自己过错的态度应当是：知过能改。

人们都有一个大弱点，喜欢为自己辩护，为自己开脱。真正地达到知过能改并不容易，一般人都做不到这一点。首要的原因可能是虚荣心在作祟。一向认为自己各方面的能力都不错，很少有失误发生，久而久之，自然养成了"一贯正确"的意识。一旦真的出现过错，则在心理上难以接受。出于对面子的维护，人们会找理由开脱，或者干脆将过错掩盖起来。

另外的原因是怕影响自己在他人心中的威信及信任，其实如果是作为下级，敢于正视自己的过错，可能会更加得到领导的赏识与信任；如果作为上级，丝毫不掩饰自己的过错也会使下属对自己更加敬重，从而提高自己的威信。

塞内加说："选择对某事负责，意味着我们对此事做出了承诺，我们可以选择多承担一点责任，也可以选择少承担一点责任，即可以选择多承担责任和少承担责任。要命的是，有人根本就不愿承担责任。"

承担责任有时非但不会受到指责和非难，相反会赢得信任，博得理解。

在营救陷在伊朗的美国人质失败后，卡特总统说了一句："一切责任在我。"这一承认错误的勇气使人们不再埋怨他，而且他一下子获得了比之前还要高的支持率。

德国前总理勃兰特 1972 年在访问波兰时，在华沙"二战"死难烈士纪念碑前的一跪给很多人留下了难忘的印象。这一跪是需要足够的勇气的，作为一个国家的总理，能以如此真诚的态度为几十年前国人犯下的罪行忏悔实在令人钦佩。他这一跪让欧洲人对德国人的偏见一下子消除了，这一跪让曾饱受纳粹摧残的波兰人也真诚地原谅了德国。承认错误，勇敢地承担责任能为自己赢得信任，因为他是完美人格的一部分。

千万不要利用自己的功绩或手中的权力来掩饰错误，从而忘却自己应承担的责任。人们习惯于为自己的过失寻找种种借口，以为这样就可以逃脱惩罚。正确的做法是，承认它们，解释它们，并为它们道歉，重要的是能利用它们，要让人们看到你是如何承担责任和从错误中总结吸取教训，这是对待工作的态度，这样的员工才会得到上司的赏识和信任。

罗伯特在给西尔公司做采购员时，发现自己犯下了一个很大的估计上的错误。有一条对零售采购商至关重要的规则是不可以超支你所开账户上的存款数额，如果你的账户上不再有钱，你就不能购进新的商品，直到你重新把账户填满。而这通常要等到下一个采购季节。

那次正常的采购完毕之后，一位日本商贩向罗伯特展示了一款极其漂亮的新式手提包。可这时罗伯特的账户已经告急。他知道他应该在早些时候就备下一笔应急款，好抓住这种叫人始料未及的机会。此时他知道自己只有两种选择：要么放弃这笔交易，而这笔交易对西尔公司来说肯定有利可图；要么向公司主管承认自己所犯的错误，并请求追加拨款。正当罗伯特坐在办公室里苦思冥想的时候，公司主管碰巧顺路来访。罗伯特当即对他说："我遇到麻烦了，我犯了个大错误。"他接着解释了所发生的一切。

尽管主管不是个喜欢大手大脚花钱的人，但他深为罗伯特的坦诚所感动，很快设法给罗伯特拨来所需款项。手提包一上市，果然深受客户欢迎，卖得十分火爆，而罗伯特也从超支账户存款一事上汲取了教训。

鲁迅说过：真的猛士，敢于直面惨淡的人生，敢于正视淋漓的鲜血！对于错误和责任，我们应做的是：

（1）立即承认所犯错误

面对错误而且勇敢地去承认它，即使是你的下属犯了错，那你这个做上司的也有责任，用"我们"等字眼承认错误并真诚地道歉，这才是最诚恳的、最有效果的解决方式。

（2）设立"无借口区"，不为自我过失杜撰托词

工作没有做到令人满意，经理必然会责怪你；没有按照预期的

目标走，你很担心经理责怪它的结果，不知道你下一步的命运如何；按照正常的行为，你应该为自己找一堆理由和借口，但是千万别那样！深呼吸，寻找问题的根源到底出在哪儿？这是不是只是一个小小的失误？（经理在等着这个重要报告，但你没有递交）

即使你没有错，经理错怪你了（是你的部下把一切弄糟的），你也别找借口，别打断经理的话，也不要顶撞。如果真是你的错，那就更别找借口了，千万别说一些诸如"换了谁都会这么做的""事情已经发生了，再追究也没用"之类的说不上口的理由。你现在所要做的就是迅速采取补救措施，挽救现状，努力达到预期目标。

查姆斯是某著名公司的一名主管，一天他对他的员工说："现在我问你们一个问题，那个白人小男孩拉不到更多的生意，是谁的错？是他的错，还是顾客的？"

那些推销员不约而同地大声说："当然，是那个小男孩的错。"

"正是如此。"查姆斯回答说，"现在我要告诉你们，你们现在推销收银机和一年前的情况完全相同：同样的地区、同样的对象以及同样的商业条件。但是，你们的销售成绩却比不上一年前。这是谁的错？是你们的错，还是顾客的错？"

同样又传来如雷般的回答："当然，是我们的错。"

"我很高兴，你们能坦率承认自己的错。"查姆斯继续说，"我现在要告诉你们，你们的错误在于，你们听到了有关本公司财务发生困难的谣言，这影响了你们的工作热忱，因此，你们不像以前那般努力了。只要你们回到自己的销售地区，并保证在以后三十天内，每人卖出五台收银机，那么本公司就不会再发生什么财务危机了，你们愿意这样做吗？"

大家都说"愿意"，后来果然办到了，那些他们曾出现的种种借口：商业不景气，资金缺少，人们都希望等到总统大选揭晓以后再买东西等，仿佛根本不存在似的，统统消失了。

这个例子告诉我们，借口是可以克服的，责任只有积极去承担，错误只有勇于去面对，工作效率才有保障，公司才能营利。

在办公室里没完没了地抱怨和发牢骚的人往往是那些做不好工作的人。他们指责别人其实是因为他们对自己不满。他们不愿承认自己有错误，而借指责别人以求转移自身矛盾，这种指责和抱怨让他们丧失主动性并且容易焦虑，甚至因害怕做错事而变得不再诚实。诚实始终是一种美德。有员工表示，如果同事犯了错却坦诚地承认了错误，自己并不会太在意他的过失，而且会尽力帮助他渡过难关。

尽自己的本分就要求我们勇于承担责任，承担与面对是一对姐妹，面对是敢于正视问题，而承担意味着解决问题的责任，让自己担当起来。没有面对力，承担就没有基础；没有承担力，面对就没有价值。放弃承担，就是放弃一切。假如一个人除了为自己承担之外，还能为他人承担，他就会无往而不胜。

所以，工作中，当你不小心犯了某种错误时，最好的办法是敢于承认错误，自己犯了错却责备他人是与同事相处的大忌。好员工应该敢于承认错误，而不是把责任推到别人身上。

承认"我错了"意义非常重大，因为任何人都难免犯错，所以大多数人都能原谅别人的过失。勇于承认自己的错误可以提高一个人的信誉，并且有助于自我完善，成功的要诀就在于能对自己的行为做出切实的担当，只有勇于承认错误、承担责任才会让我们表现得更加卓越。

怎样把握好交友的"度"

生活中，任何过头的东西都会走向它的反面。正所谓"物极必反"。朋友之间的交际也是如此，过往甚密，反而容易出现裂痕；而把握适中的度，才能使朋友间的友谊成为永恒。

怎样把握好交友的"度"呢？

关心朋友别过分。莉莉是名职业女性，在公司里和同事的关系虽然不错，可烦恼的事却是天天有。因为莉莉的共情心理很严重，她总是把别人的痛苦当作自己的痛苦。认为自己对别人好是分内的事，而把别人对自己好看成是恩惠。和朋友在一起时，朋友不开心或碰到什么烦心事她会尽力帮忙，若帮不了，就会一个人闷闷不乐，心情差到极点。

莉莉也曾在心里一遍遍劝诫自己。别人有困难别人会解决的，自己没必要也跟着痛苦不堪。然而，一遇到别人有什么事，莉莉比人家本人还着急，她自己觉得挺累不说，弄不好还让对方反感。

每个人无论在文化、道德、性格、处世态度、做事潜能及至家庭情况等方面都会存在差异，这种差异的大小，有时会与朋友间的交际频率成正比，即交际越频繁、越过密，差异也就暴露得越多。所以，朋友间的交往，无论是相处的时间次数、长度等，都要保持适可而止，才能达到"意犹未尽、情犹未了"的意境，才会因朋友的到来而欣喜，因朋友的离去而思念。

在心理学上，把这种过度为他人操心和受他人影响的心理情绪称为"心理卷入程度过高"。心理卷入程度过高是指个人在心理上与环境信息的关联程度过高。比如在人际交往中，有人会过分地关心朋友的事情，朋友遇到困难了，他比朋友还忧心忡忡；朋友办事出现失误，他比朋友还内疚和自责。

心理卷入程度过高的人，很容易受到外界环境的影响，总是把自己和周围的环境联系在一起，导致情绪波动大，行为控制不当，进而出现心理问题或人际关系障碍。

怎样摆脱这种心理情绪呢？一是要信任别人，相信别人能为自己的事负责、能解决好自己的问题，不要越俎代庖，负自己不该负的责任。二是加强自信和独立性，有自我价值观与生活支撑点，消除在心理上对他人的依赖，才能驾驭自己的生活和情感。

给朋友留有自由的空间。人们跟朋友交际，是为了保持友谊，但朋友除你以外还可能另有交际圈。因此，你首先要允许朋友与你意见不合的人交际。当你发现朋友另外所交的人正是跟你曾有摩擦的人时，你应该宽宏。倘若你对此眼里容不得沙子，去责怪朋友，那么朋友将左右为难。其次，不可将朋友的交际半径仅仅局限在你的空间里。如果你不管别人乐意不乐意，客观上允许不允许，都把朋友"缚"在你的身边，只能适得其反。因为，你即使"缚"住了朋友的身，却"缚"不住朋友的心，朋友多半会由怨而生恨，离你而去。

唐贞观年间，薛仁贵尚未得志之时，与妻子住在一个破窑洞中，衣食无着，全靠王茂生夫妇经常接济。后来，薛仁贵参军，在跟随唐太宗李世民御驾东征时，因薛仁贵平辽功劳特别大，被封为"平辽王"。一登龙门，身价百倍，前来王府送礼祝贺的文武大臣络绎不绝，可都被薛仁贵婉言谢绝了。他唯一收下的是普通老百姓王茂生送来的"美酒两坛"。

一打开酒坛，负责启封的执事官吓得面如土色，因为坛中装的不是美酒而是清水！"启禀王爷，此人如此大胆戏弄王爷，请王爷重重地惩罚他！"岂料薛仁贵听了，不但没有生气，而且命令执事官取来大碗，当众饮下三大碗王茂生送来的清水。在场的文武百官不解其意，薛仁贵喝完三大碗清水之后说："我过去落难时，全靠王兄弟夫妇经常资助，没有他们就没有我今天的荣华富贵。如今我美酒不沾，厚礼不收，却偏偏要收下王兄弟送来的清水，因为我知道王兄弟贫寒，送清水也是王兄的一番美意，这就叫君子之交淡如水。"此后，薛仁贵与王茂生一家关系甚密，"君子之交淡如水"的佳话也就流传了下来。

总之，交友得法，友谊长久，反之，朋友之间的友谊会如同昙花一现，稍纵即逝。但愿人人都能掌握科学的交友方法，进而使你我与朋友的友谊地久天长、永葆青春。

君子之交淡如水。真正的朋友，不一定需要每时每刻陪在身边，更不需要那些庸脂俗粉的甜言蜜语，即使两人身处异地，也不会因为缺少联系而彼此疏远，正所谓"君子之交淡如水"。

INTERPERSONAL
PSYCHOLOGY

第三章

吃亏是福，和谐人际关系心理学

帮助了别人，同时也帮助了自己

为别人点亮的灯，照亮了别人，也帮助了自己，这就是聪明人乐于助人的心得。他们总是乐于为别人点亮生命的灯，所以，他们的人生道路上也能平安和灿烂。

要想成为一个社交广泛的自己，就要乐于帮助别人。人抬人，人帮人，做起事来才会顺利，事业才会发达。聪明人看到需要帮助的人会本能地伸出援手。当他们自己遭遇困难时，也会有一个人奇迹般地出现，并且会予以"相同的报答"。

帮助了别人，同时也就是帮助了自己。

一个漆黑的夜晚，一个远行的苦行僧走到了一个荒僻的村落中，漆黑的街道上，络绎的村民们在默默地你来我往。

苦行僧转过一条巷道，他看见有一团晕黄的灯从巷道的深处亮过来。身旁的一位村民说："孙瞎子过来了。"瞎子？苦行僧愣了，他问身旁的村民："那挑着灯笼的真是一位盲人吗？"

"他真的是一位盲人。"村民肯定地告诉他。

苦行僧百思不得其解。一个双目失明的盲人，他没有白天和黑夜的概念，他挑起一盏灯笼岂不令人迷惘和可笑？

灯笼渐渐近了，百思不得其解的僧人问："敢问施主真的是一位盲者吗？"挑灯笼的盲人告诉他："是的，从踏进这个世界，我就一直双眼混沌。"

僧人问:"既然你什么也看不见,那你为何挑一盏灯笼呢?"

盲者说:"我听说在黑夜里没有灯光的映照,那么满世界的人都和我一样是盲人,所以我就点燃了一盏灯笼。"

僧人若有所悟地说:"原来您是为别人照明。"

但那盲人说:"不,我是为自己!"

"为你自己?"僧人又愣了。

盲者缓缓地对僧人说:"你是否因为夜色漆黑而被其他行人碰撞过?"

僧人说:"是的,就在刚才,还被两个人不留心碰撞过。"

盲人说:"但我就没有。虽说我是盲人,我什么也看不见,但我挑了这盏灯笼,既为别人照亮了路,也更让别人看到了我自己,这样,他们就不会因为看不见而碰撞我了。"

为别人点亮的灯,照亮了别人,也帮助了自己,这就是聪明人乐于助人的心得。他们总是乐于为别人点亮生命的灯,所以,他们的人生道路上也能平安和灿烂。

在美国南部的一个州,每年都要举办南瓜品种大赛。有一个农夫的成绩相当优异,经常是首奖的获得者。每当他得奖之后,总是毫不吝惜地将参赛得奖的种子分给街坊邻居。有一位邻居很诧异地问:"你能获奖实属不易,我们都看见你投入了大量时间和精力来进行品种改良。可为什么还这么慷慨地将种子分送给大家呢?你不怕我们的南瓜品种超过你的吗?"

这位农夫回答:"我将种子分送给大家,是帮助大家,但同时也是帮助我自己!"

原来这位农夫居住的地方，家家户户的田地都是毗邻相连的。这位农夫将得奖的种子分送给邻居们，邻居们就能改良自己的南瓜品种，同时也就可以避免蜜蜂在传递花粉的过程中，将邻近的较差品种的花粉传给自己。相反，如果这位农夫将得奖的种子自己独享，而邻居们的品种无法跟上，蜜蜂就容易将那些较差品种的花粉传给这位农夫的优良品种。这位农夫势必在防范方面大费周折而疲于奔命，很难迅速培育出更加优良的南瓜品种。

送人一束玫瑰，留下一缕芬芳。分享和给予，常常是一种收获。

一个极其寒冷的冬日的夜晚，一间简陋的旅店迎来了一对上了年纪的客人。然而不幸的是，这间小旅店早就客满了。"这已是我们寻找的第十六家旅社了，这鬼天气，到处客满，我们怎么办呢？"这对老夫妻望着店外阴冷的夜晚发愁地说。

店里的小伙计不忍心这对老人出去受冻，便建议说："如果你们不嫌弃的话，今晚就睡在我的床铺上吧，我自己在店堂里打个地铺。"老夫妻非常感激，第二天要付客房费，小伙计拒绝了。临走时，老夫妻开玩笑地说："你经营旅店的才能真够得上当一家五星级酒店的总经理。"

"那敢情好！起码收入多些可以养活我的老母亲。"小伙计随口应道，哈哈一笑。

没想到两年后的一天，小伙计收到一封寄自纽约的来信，信中夹有一张往返纽约的双程机票，信中邀请他去拜访当年那对睡他床铺的老夫妻。

小伙计来到繁华的大都市纽约，老夫妻把小伙计引到第五大街和三十四街交会处，指着那儿的一栋大楼说："这是一座专门新建的五星级宾馆，现在我们正式邀请你来当总经理。"

年轻的小伙计因为一次举手之劳的助人行为，美梦成真。

不管你是一个能力多么强的人，都不可能独自一人闯天下。要想让别人帮助你，你就必须先付出精力去关心别人、帮助别人，这样才能赢得别人的帮助。

信任是彼此心灵之间的契约

诚实守信是一个人立足于世和成功立业的基本准则。君子一言，驷马难追。做人言而有信，那么做事就有了一种人格力量来担保。

一个讲诚信的人，在修炼自我诚实美德的同时，他还能给予他人以充分的信任。信任，是建立和谐的人际关系和社会空间的无阶契约。

两个淘金人在那起伏的沙海中迷失了方向。白天炎炎的烈日，夜里透骨的寒冷，不仅耗尽了他们的食物与淡水，也消耗了他们的精神与体力。肩上沉重的金子使他们疲惫的身躯变得极度虚弱，但横亘在面前的依然是那一望无垠的沙海。

随着时间的流逝，淘金人的信念开始动摇。尽管金子的沉重增加了他们行走的困难，他们也知道因此会被夺去生命，但他们仍然舍不得那诱人的灿灿金色。因为正是为了那些金子，他们才选择了这条人迹罕至的险途。

就在他们百般绝望的时候，淘金人遇到了一个穿越沙漠的当地人，但当地人已没有食物和水送给他们。可当地人告诉淘金者说，只要跟着他走，他会带他们走出沙漠的，因为他已穿越沙漠无数次。

经过反复权衡，两个淘金者中只有一个选择与当地人同行，而另一个却怎么也不相信当地人的话，坚持留了下来。

后来，当地人带着那个淘金者走出了沙漠，而那个留下来的人，就在那硕风浩浩的沙漠中耗尽了生命。直到很久很久之后，一支驼队才在流动的沙丘中，发现了他早已干枯的尸体。因为黄金的重负，淘金人的一大半身体深深地陷进了沙里。

我们已习惯了邻居猜疑的目光；我们已经认可了危难中的旁观和冷漠；我们理所当然地对来客反复地验明正身；我们更习惯买东西时售货员仔细地检验钞票的真伪，而我们自己不厌其烦地查明货色的真假的场景；甚至，在发薪水的时候，面对刚刚从银行提出的钞票，我们也会下意识地揉搓一下，听听声响……

当物质的文明得到发展的时候，我们的精神却在不同程度地开始荒芜。我们开始变得不再相信任何人。甚至，当我们感叹并坚信，世界上除了自己的母亲之外，什么都可能是假的的时候，科学家却在告诉我们，就在说这话的同时，正有近百名试管婴儿在诞生。那我们唯一坚信的母亲又岂能个个是真？

我们以往的信任都到哪儿去了呢？

我们可以持有怀疑，但我们又怎能没有信任？只有彼此间的信任，才是我们生存的根源，而绝不是具有法律效力的合同与契约。就像那个枯死的淘金者，仅仅是因为怀疑，就拒绝了信任，从而也就拒绝了原本可以璀璨的生命。

重建信任吧，假如没有了这心灵上的契约，我们的世界将失去平静和色彩，也许世界真的就变成了那个枯死的淘金者最后生命中的沙漠。

一诺千金，用行动来负责

我们常听到别人漫不经心地说："有事我负责！"像这种随便把"负责"二字挂在嘴上的人，才是真正不负责任的人。一旦真的发生了不幸或是无法挽回的事实，并不是谁负责就可以挽回的。

责任也是有限度的。不是从一开始就随随便便地表示负责到底才是有责任感，而是负自己该负的责任才对。

"责任感"是一种称赞的话，重点在于后面的"感"字。不是责任，而是感受责任，所以不是只要说愿意负责的话就可以了，而是要亲自感受自己应该负起的责任。一般人往往不去衡量自己的力量，光是一副正义凛然的样子拍胸脯来表示愿意负责，却没有顾虑到现实的后果。

责任并不似权利义务那样具有强制性，它的道德含意比较强，但实际上没有什么约束力。

然而，在朋友交往时，彼此会不经意地在对方的身上加诸太多责任。在工作上，我们必须义无反顾地担负一些公事上的责任。有时候当工作没有成绩时，即使并不是自己的过失，仍然得负起连带责任。这个社会就是这样，随时随地都要负起责任。在这种情况之下，当我们受到别人的请托，为了完成任务所尽的力就是负责。

与朋友交往的责任，就是只要彼此尽了力就可以了，大可不必非得要求自己或对方奉献出所有的金钱及时间，不能从朋友那里要求一些不合情理的事情。

身为现代人，于公要对公司负责，于私要对家庭负责，如果为了对朋友负责而伤害了其中之一，那就失去了交朋友原来的意义。

中国人交朋友本来就是以"一诺千金"为彼此的责任，既不需要任何书面保证，也不必找人作保，只要彼此信得过即可。

与朋友交往时，不要随便地拍胸脯说些不负责的话，而是要拿出行动来负责。

君子之交淡如水

朋友之间的沟通是不带任何功利目的的，其真谛在于心灵的沟通。古语说，君子以淡泊相亲，小人以利相亲。真正的朋友，其关系绝不能以利益来维系，那样只能是为人们所唾弃的"酒肉朋友"。君子之交，应重在心灵的交流。

朋友交往应该是"淡而不断"。交往过密，便有势利之嫌，而断了"来往"，时间便会无情地冲淡友情。特别是在生活节奏加快的今天，朋友之间很难有机会在一起聊天、交流，需要注意友情的维护，比如平时多打一些电话，相互问候一番，也会起到加深感情的作用。

朋友之间超脱利害关系的交往，会使双方更加珍视友情。有一次德国诗人海涅收到一位友人的来信，拆开信封，里面是厚厚的一捆白纸，一张一张紧紧包着，他拆开一张又一张，总算看到最里面的一张很小的信纸，上面郑重其事地写着一句话："亲爱的海涅，最近我身体很好，胃口大开，请君勿念。你的朋友露易。"

过了几个月，这个叫露易的朋友收到了海涅寄来的一个很大很沉的包裹。他不得不请人把它抬进屋里，打开一看，竟是一块大石头，上附一张卡片，写到："亲爱的露易：得知你身体很好，我心上的石头终于掉了下来。今天特地寄上，望留作纪念。"

这肯定会成为露易一生中最难忘的一封信。他给海涅的信有些"小题大做"，而海涅的回信却也生动形象。他以大石头比喻对朋友的担忧，以"石头落地"表示收信后的放心和轻松。这不仅体现了朋友之间的随和与坦诚，更让人感到朋友的热情和友爱。

冤家宜解不宜结，学会化敌为友

中国有句老话：冤家宜解不宜结。在生活中还是少结冤家比较有利于你自己。不过，化解敌意也需要技巧。

人与人之间，或许会有不共戴天之仇。但在办公室里，这种仇恨一般不至于达到那种地步。毕竟是同事，都在为着同一家公司而工作，只要矛盾并没有发展到你死我活的境地，总是可以化解的。敌意是一点一点增加的，也可以一点一点削弱。

"如何化敌为友"，在办公室的战场上是一门高深的学问。

◇ 你另有高就，准备辞职，你心想："那几个整日视你的痛苦为快乐的同事，一定很开心。如果趁这时自己地位超然，乘机向老板告他们一状，就太好了！"但是在这里奉劝你要三思而行！

所谓世界很小，若今天被你捉弄的同事，一朝成为你新公司的职员，你将如何面对他？这岂非陷自己于危险境地？要是对方的职位比你高就更不妙，所以何必自制绊脚石？还有，所有的上司都不会喜欢乱打小报告的下属。试问终日忙于侦察人家的缺点，还有多少时间花在工作上呢？

此外，同行虽如敌国，但同业间的往来仍是有的。你旧公司的上司大有可能跟你新公司的上司是好朋友，一旦将你打小报告的恶习相告，你以为你在新公司的前途会怎样？

所谓"少一个敌人等于多一个朋友"，开开心心地去履行新职，又与旧公司保持良好关系，这才是上上之策。

◇某人曾经与你为一个职位争得"头破血流"，不过，今天你俩已分别为不同部门的主管，虽然没有直接接触，但将来的情况又有谁知道？所以你应该为将来铺好路。

如果你无缘无故去邀约对方或送礼给他，太突兀，也太自贬身价了，应该伺机而动才好。

要是对方擢升新职，这就是最佳的时机了，写一张贺卡，衷心送出你的祝福。如果其他同事替他搞庆祝会，你无论多忙碌，也要抽空参加。否则就私下请对方吃一顿午餐，恭贺他之余，也不妨多谈大家在工作方面的喜与乐，对以往的不愉快事件绝口不提，拉近双方的距离。

这些亲善工作必须在平日抓紧机会去做，否则到了你与他有直接麻烦时才行动，一切就太迟了。

◇原来与你关系最密切的搭档，心底里对你十分不满。他不但对你冷漠得吓人，有时甚至你跟他说话，他也不理不睬。为什么你的搭档对你如此不满？你究竟在什么时候得罪了对方？连你自己也没有一点头绪。你实在按捺不住了，索性拉着对方问："究竟有什么不对呢？"但对方只冷冷地回答："没有什么不妥。"到了这个地步，如何是好？既然他说没什么不妥，你就乘机说："真高兴你亲口告诉我没事，因为万一我有不对的地方，我乐意改正。我很珍惜我俩的合作关系。一起去吃午饭，如何？"

这样，就可逼他面对现实和表态。要是一切如他所言，共进午餐是很礼貌的行为。总之，尽量增加与他联络的机会。友善地对待，对方怎样也拒绝不了！

别人有难时，要鼎力相助

不知你是否遇到过这种情况：在公共汽车上，当售票员查票时，一位乘客情急之下竟找不到车票，售票员和一些乘客已开始谴责他，这位乘客非常窘迫。在这样的场面里，你愿意扮演什么样的角色？ 一个小伙子就是这样对一个找不到车票，困窘万分的乘客说的："同志，你别慌，再仔细找找，会找到的。"

有人怪声怪调地说："要是找不到呢？你看见他买了，你能做证？"小伙子平稳地反问："要是你的票找不到了呢？为什么不相信别人呢？"后来那位乘客找到了车票，对小伙子报以感激的微笑。

这位小伙子虽然与受窘的人素昧平生，却给人以信任、热情，生活中多一些这样的人，能增加多少深情厚谊！

我们中华民族历来不乏温柔敦厚的谦谦君子，人们赞扬厚道，鄙弃刻薄已成传统。当我们看到别人受窘时，不应冷漠旁观，更不要冷嘲热讽，我们以一颗仁爱之心，付出我们的真情，会在人间收获多少甘美的果子！

INTERPERSONAL
PSYCHOLOGY

第四章

一言九鼎，把话说得
滴水不漏心理学

学会赞美，也就掌握了口才学的一半

真诚的赞美的实质是不说不着边的话，让别人听起来心情好。

哲学家们对于人类关系的定理曾经思索考证了几千年，但结果只能引证出一条重要的定律。那条定律并不是新创的，而是与历史一样古老。三千年前波斯哲人梭罗斯特把那条定律教给拜火教徒。两千多年前中国的孔夫子把那条定律传给门人弟子，中国道教始祖老子也曾传授这条定律。释迦在两千多年前也把那条定律广传给人们。耶稣也把那条定律归纳成一句可以说是全世界最重要的规律："你希望别人怎样待你，你就怎样待人"。

你想使曾和你交往过的人都赞同你，你想要别人承认你的真正价值，你想要有一种在你的小世界中的高贵感，你不愿意听无价值不真诚的阿谀，而渴求诚挚的赞赏，所有的人都需要这些。

美国著名小说家贺尔柯恩原来是一个"铁匠之子"。他一生上学不足8年，然而，他死时已是世界上最富有的文人。

柯恩最爱读十四行诗及短歌，因此他把英国诗人罗赛蒂的诗全部读熟，甚至还写了一篇讲演稿颂扬罗赛蒂的艺术成就，并且寄了一份给罗赛蒂。罗赛蒂很高兴，他对自己说："有一个青年人对我的才能有这么高的评价，那么他一定是很聪明的。"因此他便函聘柯恩到伦敦当他私人秘书。这是柯恩一生的转折点。因为他在新职位上，遇到了当代的诸大文豪。得益于他们的指教，由于他们的鼓励，柯恩遂致力于文学事业，后来他的名字为世人所熟知。

柯恩的故里格端巴堡成为世界上一些旅游者爱去瞻仰的圣地。他的遗产总值高达 250 万美元。然而——谁晓得——假如他不曾写那一篇称赞大名人的文章，到死时也许还只是一个默默无闻的穷人。

这便是真诚赞美的力量，伟大的力量。

一条最明显的真理，凡是生活中你遇到的人，几乎都觉得自己有比你优秀的地方。那么打动他的只有一个法子，就是让他觉得你承认他在自己的小天地中是高贵而重要的，并且真诚地称赞他。

爱默生说过一句话："我所遇到的每个人都有优越于我的地方，我从他们那里能得到好处。"

但是生活中的有些人刚刚作出了一点成就，便对外嚣张自满，结果引起别人的反感和憎恶。莎士比亚说过："人，骄傲的人！有一点成就、权势，便在上天之前胡作妄为，使神都为之伤心落泪。"

有一个商人，就曾因为应用了真诚赞美而获得意外的好处。他是美国康乃提克州的一位律师杰克。

有一天，杰克驾着汽车陪太太到长岛去看她的亲戚，她太太留他陪一个老姨母闲谈，自己另外去看别的亲友。他巡视着屋里的一切，想找点值得真诚赞美的东西。

"这座房子是 1980 年建造的吗？"他问道。

"是的，正是那一年建造的。"老姨母回答。

"我想起来我就是在这样的房子里生的。设计真美，建筑也好，室内也宽大。你知道现在的房子都不这样建筑了。"杰克说。

"你说得很对，"老姨母赞同道。"如今的年轻人都不讲究住好看的房子。他们只要有几小间住室，一台冰箱，再有一辆汽车，可以坐着出去兜风就满足了。"

"这是一所梦想中的房子。"老姨母柔声颤动地说，"这房子是基于爱建造的。我丈夫和我在未盖这房子前已梦想了许多年。我们并未请建筑师，完全是我们自己设计的。"

她领着杰克到各房间去参观，杰克对她一生所珍爱收藏的各种珍品如法国床椅、英国茶具、意大利名画、法国某营堡悬挂过的绒帷，都恳切地加以称赞。

她领杰克看完各屋之后，她又领A君出来到车库，那里放着一辆很新的别克牌汽车。

"我丈夫在去世前不久买的这辆车，"她柔声地说，"我从他去世以后就没有坐过……你既喜爱美丽的东西，我打算把这辆车送给你。"

"不，姨母，你使我吃惊，我感激你的仁慈，但是我不能接受你的赠予。我有一辆新车，而且你还有很多更近的亲友可以赠给他们。"

"更近的亲友！"她喊道，"是的，我倒是有亲友，他们全在盼我死了好得这辆车子呢。但是我偏不让他们得到。"

"假如你不想赠给他们，你还可以把车出卖呢。"杰克说。

"出卖？你想我能卖掉这部车吗？你想我能甘心看陌生人坐着这辆车在街上走吗？它是我丈夫特意为我买的，我绝不能卖掉它，我一定要送给你，因为你懂得珍爱美的东西。"

杰克还是要想办法不接受那辆车，但是他又不便伤老姨母的心。

这位老太太，只身住在一所大房子里，披着派斯莱的披肩，对着法国的古玩，回忆她往年的幸福事，渴望得到别人一点认同。她当年美丽动人，她曾建造了一所作为爱情纪念的房子，从欧洲搜集许多艺术品来装饰那所房子，现在临到孤烛残年，她渴望得到一点人间温暖，一点真心的赞美——但没有一个人给她。于是当她一旦找到她渴望的东西，便像沙漠中寻着了甘泉，她的感激之情，并非只是把一辆新的别克牌汽车赠给别人所可以表达出来的。

赞美是人与人交往的一流台词，学会了它，也就学会了口才学的一半。赞美的话最能赢得人心，你肯定别人的时候，也就得到了别人的肯定。灵活做人，就要学会适时地赞美别人，并不一定要有回报，因为，真诚地赞美别人是一种美德。

说话办事，讲究场合很重要

人际交往中，说话办事讲究场合非常重要。因为有些话，在某些场合说出来容易引起歧义。

俗话说，紧睁眼，慢张口。不同的说话场合有不同的说话分寸，比如，结婚、过生日、乔迁、庆功、表彰、剪彩等场合，表达只能是愉悦、欢快、祝贺、颂扬性的；奔丧、吊唁、追悼等场合，表达只能是沉痛、悲哀、忧戚、肃穆性的；探病、问安、拜望等场合，表达只能是宽慰、祝愿、企望、仰慕性的；群众集会，表达只能是庄重、严肃性的；私人交谈，表达只能是轻松、随和、自由性的。

说话的目的是办事，但是如果不注意说话时机和场合，反而会弄巧成拙。

　　小王爱在业余时间玩扑克，经常玩到深更半夜。妻子露露对丈夫的这一做法很不高兴，下决心要管管他。一天晚上，正值小王与同事们打牌玩到兴头上，露露来叫丈夫。小王答应马上回去，让她先走。露露不干，说："不行，你必须这就跟我回家！"并动手拖他走。小王觉得妻子在家里管这管那可以，现在管到外边来了，真是丢面子。他越想越气，忍不住当着别人的面打了妻子一耳光。露露惊呆了，然后捂着脸跑回了家。

　　小王沉溺于打牌不对，打妻子更不对。但是露露在这件事中就没有责任吗？做妻子的又怎么能在大庭广众之下掉他的价呢？假如妻子能换种方式，说家里来客了，或说孩子有病了，找个借口，也算给丈夫一个所谓"男子汉"的面子。丈夫总不至于打她一巴掌吧！更何况，守着那些牌友，做出这不该做的举动，牌友们又会有什么感觉呢？以后又会有谁毫不介意地与丈夫交往呢？俗话说："当面教子，背后教妻。"教子是因为孩子是未成年人，无论你在什么场下教育他、训斥他都不会有损于孩子的身份，而且还能给他以警示作用。相反，如果对待妻子也像对待孩子一样，在众人面前训斥她，则必然会损伤妻子作为成年人的尊严，让她下不来台。同样，做领导的批评下属，也要讲究一定的场合，有些情况，你可以在大会上指名点姓地公开批评；有些情况，你就得背后找他私下交谈。你尊重他，他反过来也会尊重你。

　　一对新人举行婚礼，晓琳是新娘的好友，自然由她做了伴娘。结婚庆典结束后，开始了热闹的婚宴，新郎新娘开始逐桌给来宾敬酒。晓琳跟在新娘的身后，不时帮她递上酒杯什么的。突然晓琳感觉脚下不对劲，低头一看原来是自己的高跟鞋的鞋跟不知怎么断了。她又尴尬又生气，忍不住嘟囔了一句："真倒霉，什么破鞋。"这句话就像一声雷，被周围的人真真切切地听到耳朵里去了，气氛一下子尴尬无比。晓琳抬头一看，只见新娘新郎都对她怒目而视。晓琳当时就反应过来了，心里一下子又愧又急，对新娘充满歉意的她感觉很难面对这样的窘境，于是找了个借口匆匆离去了。至今，晓琳的小姐妹还对她在婚礼上的口不择言很不满。

结婚典礼是每对新人最喜庆吉祥的日子，在那个欢乐的气氛中，到处都是祝福之词。即使不经意间的一句话，也可能令人心生不快，甚至隔阂。上文中晓琳的那句话显然太不合乎时宜，难怪她的小姐妹很久都不原谅她。

还有一些场合，即使口才好也派不上用场，甚至还会产生副作用。比如一个人情绪失控的时候，这时你无论说什么都没有用，不如等他冷静下来再同他交流。

总而言之，说话办事要动脑筋，注意观察，看一看时间、地点、对象，只有这样才能使自己达到说话办事的目的。

隐而不白、柔而不弱、闪而不避

隐讳的语言是说话艺术的一种表现形式，它与油腔滑调，旁敲侧击，甚至指桑骂槐是截然不同的。隐讳的语言只是一种语言表达方式。而意思则必须是要坚持原则，态度明朗，情感真挚。

隐讳的语言表达了说话者的一种谦和的态度。这种情感必须是真诚的，在表现上是庄重的、有礼貌的、有分寸的。过分狂热肉麻的话只能令人腻烦，过于凄凉的话又令人感到冷漠。

隐讳的语言的运用体现了对对方的尊重，对别人尊重的同时也体现了对自己的尊重。它能体现出一个人的知识素质和处世态度。一个斤斤计较、心胸狭窄的人是很难做到宽容大度的。宽容是一种美德，隐讳的语言则是这种美德的外在表现。

隐讳的语言与隐晦、含混是有区别的。它虽然不是直截了当地说出来，但仍要求表意明确，叫听者脑子一转就能明白，或依靠语境的提示、暗示等很快领会表达者的本意。

一位记者向扎伊尔总统蒙博托说："你很富有。据说你的财产达三十亿美元！"显然，这一提问是针对蒙博托本人政治上是否廉洁而来的。对于蒙博托来说，这是一个极其严肃而易动感情的敏感问题。蒙博托听了后发出长时间的哈哈大笑，反问说："一位比利时议员说我有六十亿美元！你听到了吧？"

记者的提问显然是认为扎伊尔总统蒙博托不廉洁，但并没直说，而是用引证的方式来委婉表达的，蒙博托如果发脾气正颜厉色地驳斥，即有失风度，又有"此地无银三百两"之嫌；心平气和地解释恐怕也行不通，谣传的事情能够三言两语澄清真相吗？于是蒙博托除了用"长时间的哈哈大笑"这种体态语言表示不屑一顾外，还引用了一位比利时议员的话来反问记者，似乎在嘲弄记者的孤陋寡闻，但实际上是以更大的显然是虚构的数字来间接地否定了记者的提问。

有的人说话吞吞吐吐，词不达意，是说话者本身思维不清晰；有的人拐弯抹角、含沙射影，是说话者心术不正。

好的隐讳的语言，应该是隐而不白、柔而不弱、闪而不避、曲而不涩。用这样的语言表达的含义可能会比直接表达给人的印象还要深刻。

一次在酒家里，一位外宾吃完最后一道菜，顺手把制作精美的景泰蓝食筷"插入"自己的口袋。

这时，服务小姐看到了，但她没有当场给以难堪，而是不露声色地迎上前去，双手捧着一只装有景泰蓝食筷的绸面小匣说："先生，我发现您在用餐时，对我国景泰蓝食筷颇有点爱不释手之意。非常感谢您对这种精细工艺品的赏识。为了表达我们的感激之情，经经理同意，我们把这双图案最精美的景泰蓝食筷赠送给您，并按最优惠价格，记在您的账上，您看好吗？"

那位外宾自然明白这些话的弦外音。在表示谢意之后，他借口多喝了两杯，误将食筷插入衣袋。从而，借此下了台阶。

中国的景泰蓝工艺，堪称世界一绝。某一外宾爱不释手，并想趁机浑水摸鱼，据为己有，也情有可原。但如果听之任之则国家不仅受损，而且还会引起连锁反应式的严重后果。因此，制止是必要的，但不能直言不讳地指责，那样会置对方于难堪的境地，也会造成影响形象甚至破坏国际关系的严重后果。于是，服务小姐用夸赞的方式感谢外宾对这种精巧工艺品的赏识，并用另赠一双景泰蓝食筷的方式提醒对方。从而收到了良好的交际效果。

第二次世界大战后，有一位记者问萧伯纳："当今世界上你最崇拜的是什么人？"

萧伯纳答道："我们刚从大战中解脱出来，世界文明之所以免遭法西斯蹂躏和毁灭，实应归功于苏联红军打败了德国法西斯，而他们的统帅是斯大林元帅。要说我所崇拜的第一个人，首先应推斯大林，是他拯救了世界文明。"

记者一想，便知道了萧伯纳的话中之意，就接着说："阁下说到第一人，那么第二人呢？"

萧伯纳回答："我所崇敬的第二个人是爱因斯坦先生。因为他发现了相对论，把科学推向一个新的境界，为我们的将来开辟了无限广阔的前景，他对人类的贡献是无可估量的。"

记者又问："世界上是不是还有阁下崇敬的第三个人呢？"

萧伯纳微笑着答道："至于第三个人嘛，为了谦虚起见，请恕我不直接说出他的名字。"

记者被萧伯纳的幽默引得大笑起来，频频点头，欣然而别。

萧伯纳非常自信，也非常幽默。关于最崇拜的人，他以对世界文明作出的巨大贡献为标准列举了政治的代表斯大林和科学的元勋爱因斯坦，至于第三个人，却"恕不直言"，戏谑的谦虚，巧妙的暗示，把对自己的夸赞幽默地表现了出来。

"直肠子"容易得罪人

不管是上对下，或是下对上，说话的时候，稍微地迂回曲折，让听的人有思考、斟酌的时间，反而能够达到"事缓则圆"的皆大欢喜的结局。

当一个人的尊严和地位受到威胁的时候，他不可能与你和平相处。所以在与人说话的时候，语言表达不要过直，因为过直的话语会伤害到对方的自尊心，会给沟通的双方带来一定的隔阂。

在现实生活中，许多人常常会标榜自己是个"直肠子"，凡事有话直说。以至于得罪了很多人，给他的社交和生活带来很多不便。其实人与人之间言语的交流，有时候不妨用上点小技巧，直话不妨曲说。

"有话直说"，有时候只会让人下不了台。不管是上对下，或是下对上，说话的时候，稍微地迂回曲折，让听的人有思考、斟酌的时间，反而能够达到"事缓则圆"的皆大欢喜的结局。

说话是门艺术，懂得说话艺术的人知道，轻话不可重说，会造成分化效果的话不说，会伤人自尊的话不说。如果一定得"说清楚、讲明白"，仍必须谨记，"话不可说绝""不说最后一句的重话"的原则，给对方留点余地，给自己留点口德和风度。

美国著名的政治、实业、发明家富兰克林，早年也是个"有话直说"的直肠子。然而，他发现自己这样的行事作风，不仅常常得罪人，也使得做人、做事都窒碍难行。在朋友的谏阻，以及一番反省后，他给自己立下了个规矩，当自己的意见与他人相左的时候，不可直接地与他人冲突，或总是坚持自己才是正确的。

他甚至禁止自己使用一些斩钉截铁的字眼，诸如："一定""无疑"等，而以"我相信""我想""我猜想"，或是"目前看起来是这样"来取代。当他发现任何错误时，他也绝不容许自己立即享受与人对立的快感，反而会温和地告诉对方：如果在某某情况下，他的意见可能是正确的，不过目前的状况看来并非如此。

很快地，富兰克林发现了这种态度改变所带来的好处。因为如此一来，即使他在立场、意见上与人有所对立的时候，谈话仍然能够愉快地继续下去。也因为他提出意见的方式令人较易接受，减少了争执，而一旦自己有错误的时候，也不像以往那样觉得丢脸。同样的，当他有时提出正确意见的时候，他人也能够放弃自己的成见来接纳、采用。

这种开始时须费力扭转自己个性的模式，随着时日的过去，越来越轻松自在。并且在之后的 50 年内，富兰克林不再听到由自己嘴边溜出的武断话语。他认为，他之所以能够担任公职，成功地成为议会的一员，让种种的法案顺利推行，实在应该归功于早年自我训练于自律的习惯。尽管与一般辩才无碍的人比较起来，富兰克林偶尔用字迟疑、词不达意，但重要的是，他总能够持有自己的论点，并且成功地推展，让人接纳。

当然，这种技巧的练就需要平时习惯的养成，这是一个很漫长而又艰巨的过程。在这一历程中，只有持之以恒，坚定自我信念，才能在改变思维、说话定式的道路上取得最终的胜利。

人际交往中，要敢于大声说"不"

一个人的一生中对别人说"不"的时候要比说"是"的时候还要多，尤其是在商场上，一个"是"，有时往往是无数个"不"才能换来的。

人生在世，不管身份显赫或是身份卑微，都会碰到一些求人的事。所以，作为求人的一方就难免会遭到拒绝，这一点是大家都有默认的心理准备的，所以不用担心你的合理拒绝会使对方万劫不复。当然，事物都是有两面性的，对于所有的拒绝也不能一概而论，要一分为二，具体问题具体分析。毕竟我们都不是独立的个体，是属于整个社会的，也许明天你也会遇到难题恰好需要他去帮助，因此能帮忙的我们尽量帮忙，但是想要做到有求必应也并不是件易事，我们不是万能的救世主，只是一位普普通通的凡人，有些事情做不到在所难免，拒绝，说到底也是一种无奈。

对于许多人来说，拒绝别人是一件很难办的事。当别人对他们提出要求时，他们不好意思张口说"不"，因为这样很可能会伤害对方的感情，造成两个人的关系疏远。但有时如果答应别人的要求，自己又确实有难处，或者自己会丧失许多东西。许多人在面对这种矛盾时都十分苦恼，不知该怎么办。

喜剧大师卓别林曾经说过："学会说'不'吧！那样你的生活将会美好得多。"而且，巧妙地拒绝他人能显示出你对他人，也对自己的尊重。学会说"不"，才能赢得真正的交流、理解。

所以，学会对别人说"不"，学会拒绝别人，并给别人留有余地，是非常重要的。

有一家图书公司经常有很多资料需要复印，他们这方面的业务一直委托外面的一家复印中心完成。最近公司调整工作方式，决定由公司自行完成所有的复印任务，取消委托给那家复印中心的业务。

该公司委托一位业务员去向那家复印中心说明原因。当业务员向那家复印中心的老板说明意图时，那位老板的脸色变得很难看。但是那名业务员诚恳而简洁地说："贵中心长久以来，对我们公司的业务帮助很大，对此我们非常感谢。只是由于我们公司新近采取的措施，使得我们不得不结束此项交易，我们感到很抱歉，希望你能够体谅。"

　　由于那位业务员明确而得体的拒绝方式，那位老板最后谅解地回答："其实这种事情也很正常，对贵公司的决定我表示理解。假如今后还有需要我们的地方，我们仍然乐意为贵公司效劳。"

　　日本有位教授也曾发过这样的感叹："央求人固然是一件难事，而当别人央求你，你又不得不拒绝的时候，亦是叫人头痛万分的。因为每一个人都有自尊心，希望得到别人的重视，同时我们也不希望别人不愉快，因而也就难以说出拒绝的话了。"但是，如果你仔细斟酌、权衡一下，觉得答应对方的要求将损害自己的利益或者感情，那就应该当机立断予以拒绝，不要为了面子而做违心的事。

　　有的人在拒绝对方时，总会感到不好意思因而不敢据实言明，以致对方摸不清自己的意思，从而产生了许多不必要的误会。例如，当你语意暧昧地回答说："这件事似乎很难做得到吧！"本意是拒绝的意思，然而却可能被误认为是你同意了，之后如果你没有做到，反而会被认为你没有信守承诺。

　　每个人都可能遇到过这种情况：你在工作时间，或是在你正想休息一下的时候，有一个人前来缠住你，唠叨不休地向你借钱，或要求给他谋一份职业，请你帮他一个忙，一定要你答应他的要求，或者购买他的产品……但是，你无法满足他的要求，这时你要做的就是，冷静而明确地拒绝他，只有如此才能避免这些多余的困扰。

　　因此，大胆地说出"不"字，合理的拒绝相当必要。有的人就可以直截了当地告诉他拒绝的理由；而有人就需要用含蓄委婉的方法拒绝，根据不同的人，我们拒绝的方式也各有不同。但是生活是无穷尽的，而拒绝的方式也是讲究艺术的。

当然，拒绝别人也要讲究方法。拒绝得法，对方没有怨言，以后仍然有合作的机会；如果拒绝不得法，会使人感到不满，甚至对你怀恨在心，不免为自己以后的发展树立了一个暗中的敌人。所以，必须要学会用智慧艺术地拒绝。

采用温和语调，拒绝不能伤"面子"

给别人面子，就是给自己面子；你希望别人怎样对待你，你就应该怎样对待别人。伤人面子，最终受害的是你自己。所以，为了保持良好的人际关系，在拒绝别人时必须采用温和的语调和同情对方心情的姿态来处理。

某公司的一位人力资源部经理讲述了这样一件事情：

有一天，一位他熟悉的教授亲自跑来找他，请求替他以前的一位学生安排一份工作。于是，这位经理便把那个学生找来面试了一下，发现他的水准尚未达到企业要求的标准。

这位经理左右为难，因为他本人当初也是通过这位教授介绍，才进入这家公司的。但是他又实在不能擅自录用一位不合乎要求的职员。于是他跟那位教授通了电话，说明了这个情况。那位教授又拜托说："如果贵公司不能采用的话，希望能将其推荐给其他关系企业。"这位经理很是为难，于是向他认识的一位社交专家请教。那位专家听后，给他提出了一个建议：先对教授称赞那个学生的优点，然后再慢慢地说出他的缺点来。因为人常常用一种充满了偏执的自尊心来行动。因此，当你与人交往时，千万不要忘记这一原则。

于是，这位人事经理再次与那位教授通话，表示愿意尽量帮忙的态度，然后讲述了他观察到的那位学生的优点，在最后提出了他不符合要求的地方。他又很率直地对那位教授说："非常抱歉！我不能满足你的愿望，还请你原谅。"

那位教授听后，连声说："你没有错，是我有点主观了。"

对你有恩的人，来拜托你做事，的确是非常难以拒绝的。不过，只要你能表示尊重对方立场，率直地讲出自己的难处，相信对方也是会谅解的。

某公司有一位做事认真、勤勤恳恳的女职员，由于她工作出色，给部门经理留下了很好的印象。后来，这位经理热心地帮她牵红线，介绍自己的一个朋友的儿子给她，这位女职员非常有技巧地拒绝了："这件事情，我恐怕要让您失望了，实在很抱歉！因为，虽然我也认为一个女人是非结婚不可的，但是很早之前，我就坚定地告诉自己：'不论任何人说亲、对象是谁，在我自己还不到26岁之前，我是不会结婚的。'更何况，您也知道现在我还是在读在职的研究生，学业尚未有所成就。我想等到我学业完成，再来谈恋爱、结婚吧。这完全出于我自身的考虑，希望您能够谅解。我这番话，绝对不是只说给您一个人听的。"这位女职员的"拒绝"，无疑是非常成功的。

有些人在拒绝对方时，因为感到不好意思，而不敢据实言明，致使对方摸不清自己的真正意思，反而产生许多不必要的误会。其实，在人际关系的交往上拒绝是常有的事，因此破坏交情的并不多。倒是有些人说话语意暧昧、模棱两可，反而容易引起对方误会，甚至导致彼此关系破裂。

因此，在你拒绝别人的时候，一定要附带考虑到对方可能产生的想法，尽量明快而率直地说明实情，这才是最根本的拒绝法。

硬碰硬，只会使事情越来越糟糕

生活中，难免遇到一些麻烦的人，这些人经常给你带来麻烦事。当然，和这些人硬碰硬，只会使事情越来越糟糕。我们不妨在说话时用一种委婉的表达方式，来达到我们的目的。这样既避免了冲突，又解决了问题。

史提夫14岁的儿子亚当，几天来都很烦躁易怒。史提夫问儿子为什么这样，亚当总是顶撞一句说："没什么，别管我！"然后悻悻然走回自己的房间。

其实烦躁易怒的人都是因为心里有困难，又自认为别人帮不上忙，所以闷闷不乐，像一只刺猬。遇到这种人，你不能和他一样烦躁。

遇到这种情况，史提夫要先问问自己，为什么亚当不肯说出真相？儿子可能是为了学校发生的事而担忧，或者他是在生父亲的气，但又不敢明言，害怕一开口批评，父亲便只顾辩白。史提夫可根据这种种可能，在下次跟儿子倾谈的时候说："我注意到你闷闷不乐。我想如果你有问题，就拿出来谈谈，这或许会对你有帮助。你或许会觉得很难开口，因为我一向都没有好好地听你说过话。如果真的是这样，我很难过，因为我爱你，绝不想令你失望。"

如果亚当仍然不肯说，史提夫不妨采用另一种策略。他可以对儿子说："我很关心你的近况，不过等你的心情好转我们再谈吧。"

　　这个策略令双方都能好好地"下台"。儿子的问题终归要说清楚和解决的，现在他不愿意说，强迫他说不会有效，采取启发和等待的态度是比较明智的。委婉的表达方式，既不伤害对方，有时也能保护自己。

　　有一次，在拥挤的公共汽车上，由于汽车猛地刹车，前面一位文雅的姑娘没有准备。猛地踩到了前面一位小伙子的脚上，由于姑娘穿的是高跟鞋，一下子疼得他无法忍受，姑娘回头看了看他，也不知如何解释。他十分生气，但还是说了一句："没有把你的脚垫疼吧。"说得姑娘十分不好意思。过了一会儿，他突然感到一只手伸进了他的裤兜里，他抬头看见对面几个流里流气的小伙子，他旁边也站了一位，他意识到了会发生什么，于是他说了一句："伙计，你把手放错了，那是我的裤兜。"说完，他感觉到那只手抽走了。

　　这里，这位小伙子碰上的两件事，他都用了避免直接对抗的方式。遇到别人踩了自己的脚，这只是由于车的原因，姑娘也不是故意的，所以他在这里用了自嘲的手法，将两个人的矛盾化解了，以自己为中心，而将姑娘置于旁观者的位置，豁达地开自己的玩笑。第二件事他如果以直接的方式去做，可能会发生意想不到的后果，但是他用这种含蓄的表达方法，同样化解了冲突和意外。

　　一位漂亮的小姐戴着一顶很别致的装饰帽在大街上走着，几个小流氓围上来，把她的帽子抢了去，并戏谑道："小阿妹的帽子真漂亮啊。"这位小姐并没有大喊大叫，而是微笑着镇静地说："是吗？我想你们一定想给你们的姐姐妹妹也买一顶，对吗？不过，我劝你们不要买，因为她们也会像我一样被别人抢了帽子。"几句话，把对方说得无言以对，乖乖地把帽子还给了这位小姐。

有时我们为了避免自己受到伤害，往往会使用一些含蓄的话语使别人知难而退。这样的方式在为人处世中起了很大的效用，因为它既保留了他人的自尊，同时又给自己留了一条退路，缓解了紧张的交谈气氛。

恰到好处的幽默是智慧的体现

幽默能体现一个人的内在气质，一个人内在气质的美，胜过外表的美。无论何人，只要充分运用自己的睿智，随机应变，用幽默的言辞以缓和窘境，这就是一种成功。它能化冲突为喜悦，变危机为幸运，即使在充满火药味的场合，也可以成为最佳的缓和剂，帮助你摆脱困境。

将 humor 译为"幽默"的"幽默大师"林语堂先生，生前有一次乘船旅行，在船上看到一个外国人正在看他所写的那本英文版的"生活的艺术"，那老外见林语堂身着大褂，以为是个乡巴佬，就鄙夷地对林语堂说："老兄，你看得懂吗？"林语堂不疾不徐地用英语对他说："虽然我看不懂，但是这本书是我写的。"说罢掉头就走，留下一脸愕然的老外。

世界著名的大文学家歌德有一天到公园散步。迎面走来一位曾经对他的作品提出过尖锐批评的批评家。这位批评家站在歌德面前高声喊道："我从来不给傻子让路！"歌德却答道："而我正相反！"一边说，一边满面笑容地让在一旁。不论是林语堂也好，歌德也罢，他们的幽默无疑避免了一场无谓的争吵，同时也可以消除自己的恼和怒，充分显示了他们的心胸和气量。

幽默还可以消除尴尬的场面。真正的幽默可引来会心的一笑，带来欢笑与快乐。要知道，并不是所有的幽默都可以起到解围作用，因为在窘境中人们的自尊心极易受到损害，若幽默不当，则不仅不能解围，反而会使人更加受窘。能用幽默解围。其成功的关键在于：理解人家的心情，维护别人的尊严。须使处于窘境中的各方都能够接受，既能迁就别人又无损于自己。

从前有一位画商拿着毕加索早期的画作，请求他鉴定是不是他画的。毕加索瞄了一眼，说道："这是一幅假画。"画商大吃一惊，支吾地问："这难道不是你画的吗？""是啊！这是我亲自作的假画！"毕加索不慌不忙地说。

其实，每个人都可变得幽默，它不是天才、高智商、喜剧演员的专利品。只要你常看一些笑话故事、歇后语，学习让嘴角向上翘，换个新鲜高度欣赏事物，必可找回幽默和学会幽默。

使人欢笑，使人快乐。做愉快的事、说愉快的话，就会把欢乐散布到四周。如果你为别人做了一件好事，那么你也治愈了自己，因为欢乐是一剂精神良方，能超越一切障碍，也会伴你成功。

幽默虽好，但不能乱用，要掌握一定的技巧：

1. 不要随意幽默，幽默并不是随时随地都可以运用的，应在某些特定的场合和条件下发挥幽默。

例如：在一个正式的会议上，当别人发言时，你突然冒出一两句逗人的话，也许大家都被你的幽默逗笑了，但发言的那个人肯定认为你不尊重他，对他的发言不感兴趣。

2. 幽默要高雅才好。在生活中，有不少人在开玩笑时往往把握不住分寸，结果弄得大家不欢而散，影响了彼此的感情。

3. 不幽默时无须硬要幽默。如果当时的条件并不具备，你却要尽力表现出幽默，其结果必定是勉为其难，到底该不该笑一笑？这会令彼此陷入更尴尬的境地。

总之，幽默是一种优美的、健康的品质，恰到好处的幽默更是智慧的体现，当你掌握了幽默这门社会交往的艺术时，你会发现与人沟通不再是一件困难的事情。

唯真情，才能够使人信服

俗语说："言谈贵在情真，功在情深。"言谈时只有真情的流露，才能产生无与伦比的推动力和征服力。正如被称为中国四大演讲家之一的李燕杰所言，"在演讲及一切的语言表达中，唯真情，才能够使人怒；唯真情，才能够使人恼；唯真情，才能够使人笑；唯真情，才能够使人信服。"

真情指导言语策略的运用，还应防止出现利用情感言语进行诡辩这种情况，即为了哗众取宠或为了达到卑鄙罪恶的目的，故意迎合听众不良心理，煽动听众不良情绪，造成"诉诸感情"或"诉诸公众"而不讲真理的诡辩去攻击对方的卑劣行径。

美国前总统尼克松曾在1952年严重受挫，后来，他作了一次震撼美国的演说，以真诚和朴实又赢得了人心。

当时，尼克松是年轻的参议员，竞选总统的艾森豪威尔将他作为竞选的伙伴。正当他为竞选四处奔走时，突然在《纽约时报》上登出抨击他在竞选中秘密受贿的文章。

为此，尼克松被迫在电视台发表了半小时的讲话。下午六点半，当尼克松在电视屏幕上出现时，整个美国都安静下来了，他采取了一个在政治史上罕见的行动，把自己的财务全部公开，从自己的家产，一直谈到他的欠债。紧接着，话锋一转，详细说明自己的经济收支情况，连如何花掉每一分钱都告诉听众——从操心为孩子矫正牙齿到改装锅炉等款项。他还告诉大家，这次竞选提名之后，确实收到一件礼物，这就是得克萨斯州有人送给我孩子的一只小狗。

当他讲完走出广播间时，到处都响彻着欢呼声。有一百万人打电话、发电报或寄出信件给他，几乎每个著名的共和党人都给他发了赞扬的函电，从邮局汇来的小额捐款达六万美元。全国听、看这次讲演的达六千万人，演讲使事实得以澄清，还得到了大批同情者。

中国有句成语叫"精诚所至，金石为开"，比喻对人真诚能产生极大的感动力量，甚至像金石般坚硬的东西也能被感动地裂开。我们日常生活中常说的"心诚则灵"讲的也是这个道理。如同我们在一般的人际交往中一样，在社交中，真诚的语言或行动同样也可以打动人心、征服听众，因为对于一切谈吐，最令人喜欢的正是那种出自真诚而又经过选择的话题。如果我们在说话时不考虑对方和听众的心理，故意避开主题，这本身就是一种不真诚的表现。在上例中，尼克松之所以能够赢得千百万同情者，使自己从被抨击的窘迫中解脱出来，则完全归功于他在演讲中表现出的真诚，正是他的真诚才感染了广大听众和观众的心灵，使他们通过闻其声、观其情、见其心而达到了与之心心相撞，情景交融，在感情上发生了共振效应。

INTERPERSONAL

PSYCHOLOGY

第五章

审时度势，求人
办事心理学

肯求人，广求人，善求人

俗话说："篱笆立靠桩，人立要靠帮。"现代社会，提倡"人人为我，我为人人"，人与人之间的相求相助，是共同走向成功的必备条件。当你去求人办事时，如果要求并不过分，一次遭拒，连去五次左右，一般可以成功。对人有所请托，应由小到大，由浅及深，由轻加重才是，如果一开始就有太大的请求，一定会遭受对方断然拒绝。

广西壮族自治区容县邮政局的林永兰，她曾经担任鲜花礼仪班班长。刚开始时，林永兰向客户宣传给员工送生日蛋糕和鲜花的定位是六十元，等客户逐步接受这个价格并签订了协议之后，她适时地向客户宣传一百二十元的生日蛋糕和鲜花。

她的理由是：六十元的标准虽然已经能表达单位对员工的情意，但根据现在的社会消费水准来看，档次还是稍低一点，如果加到一百二十元，就可以显得很大气了。再说，一名员工一年也就过一次生日，增加几十元钱，不会增加多少开支，但达到的效果却好得多。这一番入情入理的话，说服了不少客户。

于是，2005 年，一百二十元的配套生日蛋糕和鲜花在容县风靡开来。现在，林永兰再做一百二十元的生日蛋糕和鲜花礼仪服务的宣传，已有单位跟她签订了协议。

所以，一点一点地引别人接受，一点一点地诱别人上钩，既是找人办事的技巧，也是嫁接成功的大原则。

美国斯坦福大学社会心理学家曾同学校附近一位家庭主妇巴特太太做了个有趣的实验，他们打了个电话给她："这儿是加州消费者联谊会，为具体了解消费者之实况，我们想请教几个关于家庭用品的问题。"

"好吧，请问吧！"于是他们提出了一两个例如府上使用哪一种肥皂等简单问题。当然，这个电话，不仅仅只是打给了巴特太太。过了几天，他们又打电话了："对不起，又打扰你了。现在，为了扩大调查，这两天将有五六位调查员到府上当面请教，希望你多多支持这件事。"这实在是件不好办的事儿，但巴特太太想了一下也同意了。

巴特太太为什么会同意呢？因为有了第一个电话的铺路。相反，他们在没有打过第一个电话，而直接有第二个电话要求时，那些主妇大部分都拒绝了。他们最后以百分比作为结论。前一种答应他们的占 52.8%，后一种只有 22.2%。总之，要想事业成功，就必须求人。

有人身负旷世才学，行走世上却步履维艰；有人资质平平，却干出一番惊天动地的事业，原因就在于后者能审时度势，懂得循序渐进之法，善于求人，从而安身立命，立于从容之地。在竞争日益激烈的现代社会，人的生存发展更是密不可分。求人者生，不求人者死，只有肯求人，广求人，善求人，才能在人生中立于不败之地。

投其所好，不失为顺利办事的一条捷径

很久以来，"投其所好"作为一个贬义词而备受人们鄙夷。这主要是因为，"投其所好"者的目的往往是自私的、不可告人的。假如目的是光明磊落、合乎情理的，"投其所好"也还是有它积极的一面。我们这里的攻心术上的用法，正是基于后一种意义的理解之上的。

办事能力既是一个人综合能力的体现，也是我们实现成功的人生价值的重要手段。求人办事，最有效的方式，应该是投其所好。当你这么做时，不但会受到欢迎，事情办起来也自然是水到渠成。能够投其所好，避其所忌，攻其虚，得其实，这样办起事来才能措置裕如，成功有望。

曾经拜访过罗斯福的人，都会折服于他的博学。不论你是什么职业、什么阶层的人，他都能针对你的特长侃侃而谈。其实这个道理很简单。当罗斯福知道访客的特殊兴趣后，他会预先研读这方面的资料以作为话题。因为罗斯福知道，打动人心的最佳方法，就是谈论对方所感兴趣的事情。

如果把这种智慧升华到一种理论高度，那就是"牵牛要牵牛鼻子，好钢用在刀刃上"，有一个名叫爱德华·加利夫的人曾经讲过这样一件事：

有一天我发现我需要别人助一臂之力。欧洲将举办一次童子军大会，我要请求美国某大公司的董事长为我资助一名童子军的旅费。在我要去见这个人之前，我听说他曾开过一张一百万美元的支票，支

票兑现从银行寄回来之后，他就把那张支票框起来。

因此，我一走进他的办公室，就请求看看那张支票。我对他说，我从来没见过任何人开过这么大数额的支票！我又说，我要告诉那些童子军，我真的见到了一张一百万美元的支票。他很高兴地带我参观那张支票，我赞不绝口。

当我说明来意后，他不但立即答应了我的要求，而且更慷慨。我本来只请他资助一名童子军到欧洲去，但他资助了五名童子军和我的费用，给了我一张一千美元的支票，叫我们在欧洲待上 7 个星期。他还为我写了几封介绍信，给他各地分公司的董事，让他们招待我们。他本人更是亲自到巴黎来看我们，带我们参观了一番。此后，他还雇用了一些家境清寒的童子军。他对我们的活动，目前还很热心。

你注意到了没有，加利夫先生并不是以童子军，或欧洲的童子军大会，或他所要求的作为开场白。他所谈的是对方感兴趣的东西，投其所好帮助他成功地办成了事。

投其所好的说话方式在商业上也是十分有用的。

经营着美国一家高级面包公司的杜维诺先生，一直很想把面包推销给纽约的一家大饭店。一连四年，他天天给那家饭店的经理打电话，甚至在饭店订了个房间，住在那里以便随时同经理谈生意，但是他始终一无所获。

就在他失去信心时，有人传授给他一则"妙方"，于是他改变策略，打听那个经理最热衷的是什么。杜维诺发现，那位经理是一个叫"美国饭店招待者"组织的成员。不只是成员，由于他热心，还被选为主席。于是杜维诺再去找他时，一开始就谈论他的组织。他跟杜维诺谈了半个多小时，他的组织，他的计划，语调非常热情。杜维诺夸赞他见多识广，有很强的组织力和感召力，大家也都很信赖他。告别时那位经理还"卖"了一张那个组织的会员证给杜维诺。

几天之后，杜维诺就收到了那家饭店的订货单。杜维诺用"顾左右而言他"的"迎合法"不动声色地达到了自己的目的。

约翰即将大学毕业，他的论文是跟经济有关的一份报告，他需要一个机构为他提供一些资料。约翰便去拜访那个机构的负责人，可是那位负责人不愿意为他提供任何资料。约翰有些沮丧，正当他准备离去时，那位负责人的一个下属进来说，他听说某个地方可能有卖负责人想要的那种邮票。原来那位负责人是位集邮爱好者。

约翰记住了那位下属和负责人所说的话。第二天他又去了，让人传话进去说，他帮那位负责人捎带了一些邮票。负责人这次热情地接待了他，一边欣赏着邮票一边说："噢，瞧瞧这张，真不错！"那位负责人一面赞叹不已，一面还夸奖约翰对集邮很内行，然后把邮票钱付给了约翰。他们谈了差不多整整一个小时邮票后，那位负责人便主动把约翰所需要的资料提供给了他。

约翰办事成功的秘诀，就在于投其所好，抓住了该负责人喜爱集邮这个兴趣。

总之，在实际工作和生活中，若想办起事来更加容易，怎样与人说话，做些什么是非常值得注意的。想要别人对你产生好感，投其所好必不可少。

要善于发现对方的"闪光点"，还要善于寻找对方的"兴趣点"。你经常可以看到这种情况：在某些谈判场合中，对方不是在听我们说，而是做或想别的事情，或嘴里应付着你，眼睛却注意别处，或转移话题。遇到这种情况，聪明的做法是暂时放弃你的话题，寻找他的"兴趣点"。比如对一个集邮者谈谈邮票，对一个足球迷谈谈意大利甲级联赛，对于音乐爱好者谈谈流行歌曲，等等。当对方对你产生认同甚至好感时，你的窘境摆脱了，再言归正传也不迟。

美国西雅图有一家美籍华人开的餐厅，为招揽顾客，每当客人用餐后离去时，总要奉送一盒点心，内附精致"口彩卡"一张，上印有"吉祥如意""幸福快乐"等吉言。有两位虔诚的基督徒是这家餐厅的老主客。

他俩结婚后的某一天，满怀喜悦来到这家餐厅，在他们期待良好祝愿的时刻，打开点心盒，却意外地发现没有往常的"口彩卡"，顿感十分不吉利，心里老大不高兴。他们便向老板"兴师问罪"，不论老板怎样赔礼道歉，他们就是不依。看到这种情景，刚到美国探亲的老板的弟弟微笑着走上前去，用不太熟练的英语说了一句美国常用谚语："No news is the best news."（中文意为"没有消息就是最好的消息"。）听到这句话，新娘破颜一笑，新郎转怒为喜，高兴地和他握手拥抱，连连道谢。

在意外事件面前，兄弟俩的处理方式不相同，兄长采取的是正面消极应对的说话策略，而弟弟采取的则是侧面出击，主动地投其所好的说话策略。兄长的语言表达不能消除意外事件给这对新婚夫妇造成的不祥之感，越赔礼道歉越加重这种情绪。弟弟通过对意外事件（没有口彩卡）做出机智的解释，直逼要津，较好地满足了对方的心理需要，既掩盖了过失，又消除了对方的不祥之感。

某人在一个炎热难耐的夏天去一家餐馆吃饭，进去之后发现这个餐厅的卫生条件和服务态度都比较差，真不敢想他们做出的饭菜会怎么样。可是既然已经来了，怎么也得吃饱再走。他灵机一动对服务员说："这么热的天，那些在炉边烧菜的小伙子一定够辛苦的了。你们也很不容易。"只这一句话，让服务员心里不胜感激，于是赢得了服务员的"优秀服务"。菜上来后，他发现这里的菜味道比他想的要好得多。

对于服务行业的人，人们给他们的往往是指责，其实他们非常需要人们理解和肯定他们的工作辛苦和工作成绩。而这个人恰恰是巧妙、准确地赞扬了厨师们的可贵之处——在如此炎热的天气里，他们坚守岗位，为大家服务。他的话使他们感到，他们从被训斥的对象变成了被关注的对象，因此。心情愉悦，服务当然周到。当然，在必要时把这种说话技巧应用到谈判中，也许会有意想不到的收获。

一家精密机械工厂生产某项新产品，把一部分部件委托某个小工厂制造，当该小厂将零件的半成品呈示总厂时，发现不合乎该厂要求。由于迫在眉睫，总厂负责人只得令其尽快重新制造，但小厂负责人认为他是完全按总厂的规格制造的，不想再重新制造，双方僵持起来。

总厂厂长见到这种局面，在问明原委后，便对小厂负责人说："我想这件事完全是由于公司方面设计不周所致，而且还令你吃了亏，实在抱歉。今天幸好是由于你们帮忙，才让我们发现竟然有这样的缺点。只是事到如今，事情总是要完成的，你们不妨将它制造得更完美一点，这样对你我双方都是有好处的。以后我们也可以进行更多的合作。"那位小厂负责人听后，高兴地答应了。

站在他人的立场上分析问题，能给他人一种为他着想的感觉，这种投其所好的技巧常常具有极强的说服力，事情往往能顺利达成。要做到这一点，"知己知彼"十分重要，先知彼，而后方能站在对方的立场上考虑问题。所以要善于发现对方的"闪光点"。

投其所好，不失为顺利办事的一条捷径。

无计可施时的黄金方法

办事要讲究技巧，更要注重方法。当你确实无计可施时，不如看看下面的方法：

鬼岛西端有一座恶名四扬的星星监狱。这座监狱没有狱长，里面的犯人让人闻风丧胆。司密斯需要一位坚毅、勇敢的人，去治理星星监狱。可谁能担此大任呢？他找来了纽海波顿的劳斯。

当劳斯站在他面前时，他轻松地说："去打理'星星'怎样？那里需要一个有经验的人！"

劳斯感到很为难，他知道"星星监狱"的情形，那里非常危险，那里随时会受到政治变化的影响。去那里的狱长总在频繁地更换，没有一个人能够待上三个星期的。他在考虑他的终身事业，那值得他去冒险吗？司密斯见他犹疑不决的样子，微笑着说："年轻人，我知道你会害怕的。没错，那个地方确实不太安全，因此需要一个有雄才大略的人和有魄力的人去做。"

司密斯这样一激将，劳斯的心中涌起想做大人物的意念。

于是他去了，并在那里一直干着。结果他成为一个最著名的星星监狱狱长。劳斯曾创作了一部有关星星监狱的书在全国畅销。他在狱中的生活故事被拍成很多电影。他对罪犯人性化的管理策略带动了一场监狱改革。

司华伯的手下有一家工厂，这家工厂的负责人无法使他管理的工人实现标准化的生产量。

司华伯问那个厂长："你是一个很能干的人，却无法使那些工人按期完成生产量。究竟是怎么回事？"

厂长回答说："我也不知道是怎么回事，我好话歹话都说了，甚至用降职、撤职来吓唬他们，可还是于事无补。"他们谈话的时候，正是夜班交替的时候。司华伯对厂长说："你给我一支粉笔。"他拿着粉笔，问旁边的一名工人："今天你们这一班完成了几个单位？"那工人回答说："六个。"于是，司华伯一言未发地在地上写了一个大大的"六"字，然后走了。夜班的工人来接班，看到这个"六"字，就问是怎么回事。日班的工人说："大老板刚才来这里，他问我们今天做了几个单位，我回答是六个，他就在地上写了这个六字。"

第二天早晨，司华伯又去工厂，发现夜班工人已把"六"改成了一个大大的"七"字。而上日班的工人看到地上的"七"字，感到他们的工作效率不能比夜班差，就努力地加紧工作。那天，日班要下班时，他们留下一个醒目的"十"字。可想而知，情况也就这样渐渐地好转了。

没有多久，这家原来生产量最低的工厂，生产量比其他任何一家工厂都多。这是为什么呢？就让司华伯来解释吧："如果我们想要完成一件事，就要采取竞争机制，人人都有争强好胜的欲望。"正是有了这种欲望，罗斯福才入主白宫。这位勇敢的骑士，刚从古巴回来，便被推举为纽约州州长的候选人。

可是他的反对党以罗斯福不是纽约州合法的居民来反对这件事，罗斯福为此很担忧，并打算退出。同党好友伯位德用了激将法，他故意大声喊道："莫非圣巨恩山的英雄居然是一个弱者？"就因为这句话，罗斯福才一鼓作气跟反对党对抗并取得了胜利。这个"挑战"不仅改变了罗斯福本人，也极大地影响了美国历史。如果你要得到有进取心的人的支持，就必须记住一个黄金方法，那就是，提出一个挑战。为别人尽最大的力量，最后就是为自己尽最大的力量。

菲司顿橡皮公司创办人菲司顿曾这样说过："别以为用高额的薪金就能笼络人才。只有竞争才能让他们的工作出彩。"

晓之以理，动之以情

说话言辞应该晓之以理，动之以情。首先以理服人，在你明确你要办的事情之后，就应该展开强大的攻势竭尽所能说出办这件事的道理、好处，把这件事情的重要性、必要性、好处等都清晰、明了、深刻、透彻地阐释出来，使对方清楚做这件事的意义。接下来就是动之以情了，人的心灵深处其实总是相通的，找到彼此之间的情感切入点，当你的言辞进入对方内心深处时，他就会被你深深打动，办事就显得轻而易举了。

何菲是某区人民法院民事审判庭审判员。民事案件总有一方败诉，如何让赢者赢得堂堂正正，让输者输得明明白白？何菲明白，法官仅仅做到公正还不够，还必须将法理及时传达给当事人，这样才能赢得他们的理解和遵从。

在一起医疗事故赔偿案件中，经鉴定，医方承担完全责任。在庭前调解中，医方愿意承担患者的医疗费、误工费等相关费用，但患者代理人仍然坚持要求支付高昂的精神损失费，使调解不能成功。何菲于是对患者代理人严厉指出："新的司法解释已经明确关于医疗事故纠纷的赔偿应参照医疗事故处理条例。该条例对医疗事故赔偿精神损失费做了明确规定，不得在法律之外提出过高的要求，不得误导当事人导致诉讼目标的失误。"同时，他又耐心做医方工作："患者爱人没有职业，两个小孩都在读书，而患者被单位解聘与医方的误诊是有相当的联系的，从而造成了赔偿诉讼升级和复杂化，能否从人道主义上考虑一下？"最终，医方点头同意，给出了一个让患者也愿意接受的赔偿数额。

整个上午，何菲前后讲了三个多小时。医方代理人临走时说："在你这儿打官司不是一次两次了，每次你都能这样入情入理地调解，让赢的、输的都没话说，佩服！"

如此入情入理的恳谈，任何人都无法拒绝。这位具有出色口才的法官为人们上了一堂生动的口才课。

松下电器公司还是一家乡下小工厂时，作为公司老板的松下幸之助总是亲自出马推销产品。松下幸之助在碰到杀价高手时，他就说："我的工厂是家小厂。炎炎夏天，工人在炽热的铁板上加工制作产品。大家汗流浃背，努力工作，好不容易制出了产品，依照正常利润的计算方法，应当是每件××元。"

对手一直盯着他的脸，听完之后，展颜一笑说："哎呀，我可服你了，卖方在讨价还价的时候，总会说出种种不同的话，但是你说得很不一样，句句都在情理之上。好吧，我就照你说的买下来好啦。"

软磨硬泡 ≠ 死皮赖脸

攀缠术的形式表现为软磨硬泡，听上去好像有些死皮赖脸的味道，实则不然，其实它与沾边耍赖、无理取闹有着根本不同。它立足于韧性与耐心，着眼于感化对方，所谓"精诚所至，金石为开"。求人办事的时候，"软磨硬泡"是必不可少的一项基本功。它能以消极的形式争取积极的效果，可以表现自己不达目的不罢休的决心和毅力，给对方施加压力，也可以增加接触机会，更充分地表明自己的态度、思想，从而影响对方，实现求人的成功。

古时候的大臣有不少是这样的"厚脸皮"，他们夹在皇帝与百官之间，有时脸皮若不厚点，恐怕做不出什么实事。

宋朝赵普曾经做过两朝皇帝的宰相，他是个性格坚韧的人。在辅佐朝政时自己认定的事情，就是与皇帝意见相悖，也敢于反复地坚持。

有一次赵普向皇帝推荐一位官吏，没有被批准。赵普没有灰心，第二天上朝时又向皇帝提出这项人事任命事项，请皇帝裁定，还是没有被答应。赵普仍不死心，第三天又提出来。

连续三天反复地提，同僚也都吃惊赵普何以脸皮这般厚。皇帝这次动了气，将奏折当场撕碎扔在了地上。但赵普自有他的做法，他默默无言地将那些撕碎的纸片一一捡起，回家后再仔细粘好。第四天上朝，话也不说，将粘好的奏折举过头顶立在皇帝面前不动。皇帝长叹一声，只好准奏。

"攀缠术"终于发挥了效果。"软磨硬泡"，不仅要能"泡"，还要会"泡"。换言之，"泡"，不是消极地耗时间，也不是硬和人家要无赖，而是要善于采取积极的行动影响对方、感化对方，促进事态向好的方向转化。对方一时不能合作是常有的事情，不妨一而再、再而三，反复申请、反复渲染、反复强调，那么就一定会精诚所至、金石为开的。

土光敏夫被推举为石心岛芝浦透平公司总经理。当时，日本大战失败，百姓生计窘迫，企业的发展更是困难重重，其中最大的困难就是筹措资金。土光担任总经理不久，生产资金的来源就搁浅了。为了筹措资金，土光不得不每天去走访银行。

这一天，土光端着盒饭来到第一银行总行，与营业部部长长谷川商议贷款事项。土光一来就摆出了不达目的誓不罢休的气势。

长谷川则装出爱莫能助无奈之态。

双方你来我往，谈了半天也没谈出结果来。时间过得飞快，一看到疲倦的长谷川有点像要溜走的样子，土光便慢条斯理地拿出了带来的盒饭，说："让我们边吃边谈吧，谈到天亮也行。"硬是不让长谷川与营业员走开。长谷川只好服输，最终贷给了他所希望的款项。

土光之所以成功，主要是具备了"软磨硬泡"这项基本功：脸皮厚，不是一见"钉子"就缩头，表达了不达目的不罢休的决心。而且，表面上是"无理"的软磨硬泡，实际上是以真诚感动了对方。

足够的耐心是"软磨硬泡"的前提和基础。当前进受阻出现僵局时，人们的直接反应通常是烦躁、失意、恼火甚至发怒，然而，这无助于解决事情。应该理智地控制自己，采取忍耐的态度。这时，忍耐所表现的是对对方处境的理解，是对转机到来的期待和对求人成功的自信。有了这种心境，就能在精神上使自己处于强有力的地位，能够方寸不乱，调动自己全部的聪明才智，想方设法去突破僵局。即使消耗一定的时间也在所不惜。

我们在求人时，既要有自尊，又不要过分自尊。为了达到交际目的，有时脸皮不妨厚一点，碰个钉子，脸不红，心不跳，不气不恼，照样微笑着与人周旋，只要还有一丝希望就要全力争取。有的人偶尔被对方拒绝了，便一下子失去了托他办事的信心。这样是不行的，这样的心态什么事也办不成。俗话说，张口三分利，不给也够本，见硬就退是求人办事的大忌。有多少人愿意主动地把好处让给你呢？

学会尊重，办事才会圆满

在交际中，不管对方地位如何、才能怎样，只要与之打交道，就应给予尊重，做到礼遇适当、寒暄热情、赞美得体、话题投机，让对方感到他在你心目中是受欢迎的、有地位的，从而得到一种满足，感到和你交往时心情很愉快，这样就为你铺平了一条美好的成功之路。

在某大型连锁超市，一个年轻女子在出口处被保安员截住，并在众目睽睽之下被带到总服务台前。那女子显然对保安员的举动感到莫名其妙，也明显感受到了周围人投向她的鄙夷的目光。只见她眼里含着泪,愤愤地将购物小票给了保安员。那保安员在仔细查验了一番后,示意女子可以走了,连声"对不起"都没有。

那位连一句起码的文明礼貌用语都不会说的保安,对比那位女士当时那几近忍气吞声的涵养,激起了旁观者们对那家超市工作人员的鄙视与愤慨。

1966年,邢台地震,周恩来总理亲自赶赴震区,在探访一户农民家里时,老大娘倒了一碗水要给总理喝,碗边上沾满了玉米面,看着感觉很不干净,同行的医生正欲制止,总理用眼神示意不让他阻止。周总理泰然地接过碗一饮而尽,充分显示了一位伟人对普通老百姓的尊重。这就是我们爱戴的周总理,一位伟大超群的政治家、外交家,更是一位平易近人、和蔼可亲的长者。正是周总理这种高风亮节的人格魅力和力量,才使他赢得了全世界人民的衷心爱戴和无比崇敬,他的对手和敌人,也相当钦佩他。

正所谓:得人一尺,敬人一丈。人都是感情动物,如果你对他好,那他自然也会好好待你,只是一味索取,不求付出是不现实的,也是不会被人接纳的。换言之,你不懂得尊重别人,又怎能期望别人尊重你呢?古语有言:"己所不欲,勿施于人。"

一天,一位老人在院子里乘凉,过来一位想租房的客人问:"你们这里的邻居如何,是否好处?"老人笑曰:"你们那里的邻居如何?"租房者说:"很糟,一个比一个难处。"老人笑曰:"彼此,彼此。"租房人扭头走了。不一会儿,又来了一位租房者,向老人问同样的问题,老人依然以问作答。来人说:"我们那儿的邻居一个比一个好处,大家互相帮助,和睦相处,真舍不得离开他们!"老人还是笑答:"彼此,彼此,我们这里也一样。"从这个故事中你应该可以悟出:别人对你的一切态度其实都取决于你对别人的态度。

其实,尊重别人,就是尊重自己。从小事做起,从普通的话语说起。为别人着想,收获最多的其实是自己。学会尊重,说到底是学会一种爱心的付出,是学会一种情感的交流与互动。倘若爱是基础,那么尊重就是其表现形式。如果没有博大而真诚的爱作为坚实的基础,更不会对他人表现出尊重;而如果没有对他人的尊重,这种人间友爱也就无从说起。我们只有学会尊重,对他人奉献出真诚的爱心,才会得到他人爱心的回报,使事情办得圆满。那么,在人际交往中,特别是面对一些棘手的事情时,如何才能做到尊重他人呢?秘诀只有一个:设法保住他人的面子。应注意千万不要伤害别人的自尊心,让人保住面子,这样才能赢得别人的尊敬,树立组织及自身的公共形象。

不管对方地位如何、才能怎样,只要与之打交道,就应给予尊重,让对方感到他在你心目中是受欢迎的、有地位的,从而得到一种满足,感到和你交往时心情很愉快,这样就为你铺平了一条美好的交际之路。先伸出你的援助之手。"不管遇上任何事情,这个人肯定会帮助我。"有这种想法的人,忽略了重要的一点:要想得到别人的帮助,首先要自己伸出对他人的援助之手。正所谓,要想有朋友,先要够朋友。不掌握这一点,办事很容易碰到挫折。

办事过程中,怎样避免冷场

在办事过程中,务必要争取以对方为中心,处处礼让对方,尊重对方,尤其要避免出现冷场。有时在一些比较正式的场合,如聚会、议事等，常出现冷场的现象，这主要是由于彼此之间不大熟知性格、兴趣、年龄、职业、身份、心境等种种原因造成的。

要使长时间的谈话不让人厌烦，最好就是让每一位参与者在不知不觉中度过美好时光。其中，风趣接转话题就是一个好办法。巧妙地接答对方的话茬儿，可以把原来的话题引向另一个话题，使谈话转变一个角度继续进行下去。

小宋是公司负责某一地区的销售业务员。公司为了加强和客户之间的联系，特别举办了一年一度的"工商联谊会"。公司安排小宋在会议期间陪同他的客户汤经理。他们路过一家商场，谈起了商场销售情况。

末了，汤经理深有感触地说："现在，市场竞争够激烈的。"小宋接过他的话茬儿说："就是。在你们单位工作的业务员也不少吧？"就这样小宋既把话题延伸下去，同时又把话题朝向有利于自己的方向发展。

对于那些不善于当众讲话的人，还可以适时地提一些引导性的话题。这些话题要根据对方的自然情况、性格特点、兴趣爱好、职业性质等方面来设置。比如："近来工作顺利吧？""听说你最近要结婚了？""你养的那只小狗怎么样了？""你的老家是哪里？"用这些听起来使对方温暖的话寒暄一下后，再开展有目的性的谈话。

一位推销员，去推销一种新产品，在一大群人中开始他的工作时，人们都不了解这种新产品，对他的推销都不予理睬。这名年轻人耸耸肩，亲切地笑着说："我突然想起了一个有趣的笑话。"大家都有点好奇地听，这名推销员就绘声绘色地讲了起来，过了一会儿人群中发出哄堂大笑。

气氛一下子变得轻松随和了，这名推销员趁机介绍起他的产品，这次人们开始关注他带来的东西。最后，他成功地推销出好几套产品。后来他不止一次地跟这些人做成了生意，并和其中的几个人成了朋友。其实，许多事都是可以改变的，如果你能在出现冷场时送上一个真诚自然的微笑，然后再讲一个无伤大雅的笑话，一定有利于气氛的缓和，使得事情能够顺利办好。在目前竞争激烈的经济社会中，人际交往发挥着重要的沟通作用。你必须学会驾驭谈话场面的节奏，做到谈话场面活跃而又和谐，保证参与者身心愉悦。

在办事交谈过程中，如果出现冷场现象，值得注意的是，在提一些引导性话题的时候，不要提出那些令对方感到难以回答的问题。比如："你们主管为人怎么样？""你们公司今年盈利有多少？"这些话题会让人不知从何说起，有时甚至会令人尴尬。

还可以就时下大家比较关心的问题，先表达自己的观点，然后询问他人意见。有时也可以特意表现出急切想知道的样子，引导他人说话。我们不明白而对方通晓的事，往往能激发对方在心理上的优越感，他们也因自己说出的话有人听而感到兴致勃勃。

以退为进，得不到的东西最珍贵

美国一家大航空公司要在纽约城建立一座航空站，想要求爱迪生电力公司以低价优惠供应电力，但遭到婉言谢绝，该公司推托说这是公共服务委员会不批准，他们爱莫能助，因此，谈判陷入僵局。航空公司知道爱迪生公司自以为客户多，电力供不应求，对航空公司这一新客户兴趣不浓。其实公共服务委员会并不能完全左右电力公司的业务往来，说公共服务委员会不同意低价优惠供应航空公司电力，那只是托词。航空公司意识到，再谈判下去也不会有什么结果，于是索性不谈了，同时放出风来，声称自己建发电厂更划算。电力公司听到这则信息，立刻改变了态度，立即主动请求公共服务委员会出面，从中说情，表示愿意给予这个新客户优惠价格。结果，不仅航空公司以优惠价格与电力公司达成协议，而且从此以后，大量用电的新客户，都享受到相同的优惠价格。

在这次谈判中，起初航空公司在谈判毫无结果的情况下耍了一个花招，声称自己建厂，这就是"退"一步，并放出假信息，给电力公司施加压力，迫使电力公司改变态度压价供电。这样航空公司先退一步，后进两步，就赢得了谈判的胜利。

一位留美的计算机博士，毕业后在美国找工作，结果好多家公司都不录用他，思前想后，他决定收起所有毕业证，以一种"最低身份"再去求职。不久，他被一家公司录用为程序输入员，这对他来说简直是"高射炮打蚊子"，但他仍干得一丝不苟。不久，老板发现他能看出程序中的错误，非一般的程序输入员可比，这时他亮出学士证，老板给他换了个与大学毕业生对口的专业。过了一段时间，老板发现他时常能提出许多独到的有价值的建议，远比一般的大学生要高明。这时，他又亮出了硕士证，于是老板又提升了他。

再过一段时间，老板觉得他还是与别人不一样，就对他进行"质询"，此时他才拿出博士证，老板对他的水平有了全面认识，毫不犹豫地重用了他。

以退为进，由低到高，这是一种办事的技巧，也是自我表现的一种艺术。

现代职场，常常是要进行谈判的，有时候在谈判中会出现这种情况：谈判中的一方，不太敢用退出来要挟对方，生怕谈崩了弄得鸡飞蛋打，所以，谈判老手都会不择手段地掌握对手的真正意图，摸清了底牌，便掌握了谈判的主动权。这时再以什么方式取胜，就已经是技术问题了。以退为进的说服手法在经济谈判中运用得较多，双方谈判如同兵战。能否灵活、娴熟地运用"以退为进"的战术，直接关系到谈判的成败。

曾经被美国控制了很长时间的巴拿马运河最早并不是由美国开凿的。一家法国公司早在19世纪末就跟哥伦比亚签订了合同，打算在哥伦比亚的巴拿马省境内开凿一条连通大西洋和太平洋的运河。主持运河工程的总工程师就是因开凿苏伊士运河而闻名世界的法国人雷赛布，他自以为这一工程不在话下，然而巴拿马环境与苏伊士有很大的不同，工程进度很慢，资金开始短缺，于是公司陷入了窘境。在这种形势下，法国公司的代理人布里略访问美国，向美国政府兜售巴拿马运河公司，要价一亿美元。

美国在1880年就想开凿一条连贯两大洋的运河，由于法国先下手与哥伦比亚签订了条约，美国十分懊悔。对运河公司垂涎三尺的美国一知道法国出售公司的打算便欣喜若狂。然而美国却故作姿态，罗斯福指使美国海峡运河委员会提出报告，证明在尼加拉瓜开运河更省钱。布里略看到这个报告后大吃一惊。如果美国不开巴拿马运河，法国不是一分钱也收不回了吗？于是他马上游说，表明法国公司愿意削价，只要四千万美元就行了。通过这一方法，美国就少花了六千万美元。

罗斯福在谈判中采取以退为进的方略，巧妙地要挟对手，迫使对手就范，做出妥协和让步。

有时候先要隐藏住你自己的要求，让对方先开口说话，让他表明所有的要求。特别是对方主动找你谈买卖，更要先稳住些。

以退为进，既是一种商业谈判的策略，也是一种商业谈判的技巧。依据许多商业谈判者的成功经验来看，以退为进的策略和技巧，大体如下：

让对方在重要的问题上先让步。如果你愿意的话，可在较小的问题上先让步。不过你不要让步太快，晚点让步比较好。因为对方等得越久，就越会珍惜它。

替自己留下讨价还价的余地。如果你是卖主，喊价要高些；如果你是买主，出价要低些。无论哪种情况，都不能乱要价，务必在合理范围内。不要做无谓的让步，每次让步都要能使对方获得某些益处。当然，有时你也不妨做些对你没有任何损失的让步。

如果谈判到关键时候，你碰到棘手的问题时，请记住：这件事我会考虑一下。这也是一种让步。

假如你在做了让步后想要反悔，也不要不好意思。因为那不是一种协定，还未签约，可以重新谈判。

学会吊胃口。人们珍惜难以得到的东西。假如你真的想让对方满意，就让他努力去争取每样能得到的东西。在让步之前，先要让对方去争取一阵。

不要掉以轻心，记住，尽管在让步的情况下，也要永远保持全局的有利形势。

重视他人细节，是踏上成功之路的法宝

重视他人的细节自然会得到他人的尊重。不论是在工作中还是生活上，倘若你想消除对方的戒备心，同时让他对你产生亲近感，你就应该了解并记住与他有关的一些细微事情，并且找适当的机会说给他听。因为了解他的一些细小之事，对方自然就会觉得你很重视他，这样他才会乐意与你交往，自然就乐于帮你办事了。

可见对方的细节之事，是你办事的垫脚石。A 在合资公司做白领，觉得自己满腔抱负没有得到上级的赏识，经常想：如果有一天能见到老总，有机会展示一下自己的才干就好了。同事 B，也有同样的想法。他更进一步去打听老总上下班的时间，算好他大概会在何时进电梯，他也在这个时候去坐电梯，希望能遇到老总，有机会可以打个招呼。

记住与朋友交往的细小之事，应该从记住对方的名字开始。名字虽然只是一种文字符号，但没有人不看重自己的名字，谁都希望别人能记住自己的名字。曾经有一位学者说过："一种既简单但最重要的获得他人好感和信任的方法，就是牢记他人的姓名。"准确记住别人的姓名，不仅是一种礼貌，而且是一种感情投资。事无大小，有时细节也能发挥极大的能量。因此，善于运用人际交往中的细节是聪明人做人的手腕和做事的手段。

他们的同事更进一步。他详细了解老总的奋斗历程，弄清老总毕业的学校、人际风格、关心的问题，精心设计了几句简单的开场白，在算好的时间去乘坐电梯，跟老总打过几次招呼后，终于有一

天跟老总长谈了一次，不久就争取到了更好的职位。

愚者忽略细节，智者发现细节，而成功者却无不是重视细节的。同事的升迁，和他对老板奋斗历程的细节的重视是无论如何也分不开的。凡是优秀的政治家都相当看重细节的力量。在任何一种语言中，一个人的名字对他自己来说就是最亲切、最甜蜜，也是最值得尊重的字眼。因为姓名是一个人个体的标志，人们因为自尊的需要，总是特别珍视它，自然同时也希望别人能记住并且尊重它。

由于你叫得出对方的姓名，甚至还了解他的某些细小之事，对方一定会觉得你很尊敬很重视他，这样别人才会乐于与你交往，才会更进一步乐于帮你办事。

美国邮政总局的局长法利能够叫出 5 万多人的名字，并且能记住与他人交往的很多细小的事情。他不仅可以和许多人谈天聚餐，还能拍着某人的肩膀，知道他的太太和子女的近况，询问他家后院里种植的番薯长得如何，等等。因而他每到一个地方都高朋满座。

在通常情况下，彼此相当熟悉、亲近的人之间才称呼对方的名字，或者询问对方双亲是否安康。而这些恰恰都是会使对方深受感动的地方，让对方感到"这个人还认识我并且还很关心我"，进而很快就会信任他，最终成为他的强有力的支持者。

比如，在街上碰到一位只有一面之交的人时，他们能够亲切地叫着对方的名字说"某某，好久不见了，还好吗"，等等。然而实际上，别说对方的名字他们不记得，就连长相也是未必记得的，但是他们可以通过秘书知道对方的名字，看起来就好像他还记得对方一样。再者他们如果知道对方是某重要人物的儿子，就会马上和他握手，并拍着他的肩头或摸摸对方的头以示亲近。同时，也不会忘记询问对方父亲的近况："你父亲最近身体可好？"以示关切之情，因为他们深知这微不足道的关心便会使对方信任他，以后必有用处。

一个招呼，一声问候，就这样的小事细节成就了一个人的成功。在与人的交往过程中，如果能够记住对方的生日或某个与对方相关的纪念日，就更能获得对方的信任了。

在一家酒店的大厅里，一位客人来到服务台办理住宿手续。客人还尚未开口，就已经听见服务员小姐说："某某先生，某某酒店欢迎您的再次光临，希望您在这儿住得开心愉快。"客人听后非常惊讶，脸上流露出欣喜的神色，其实他只是在半年前到这里住过一次。可服务员小姐居然记住了他的名字。由此，这位客人感受到了莫大的尊重，从而对那位服务小姐，甚至对那家酒店都产生了强烈的信任和好感。

美国第二十九任总统罗斯福之所以能众望所归地当选，其中的一个原因是得益于他记得所交往的人的一些琐碎细小之事。有一天，一个名叫艾摩斯的黑仆的妻子问罗斯福先生，鹌鹑是种什么样的鸟？因为她一直都没有见过这种鸟。罗斯福总统便不厌其烦地详细解释给她听。同天傍晚，她家的电话响了，艾摩斯黑仆的妻子立即跑去接听，竟是总统打来的。总统告诉她正有一对鹌鹑停在她家屋外的草地上，让她从窗户往外看。

身为总统先生的罗斯福竟然为了这么微不足道的小事，还特地给下属打电话来，充分表现出罗斯福先生关怀他人的品格。

细节常常能体现出一个人的人格。贵为一个总统竟能记得这样一件与仆人沟通交流的细小的事情，并还时时放在心上，这怎么能不让属下信任他，更加心甘情愿为他效力呢？

有一次，小李去一个单位办事，由于没有熟人，又没有什么用得上的关系，因此事情并没有办成。他失望地走出这家单位，而在单位大门口，他偶然地遇到了一个人，有种似曾相识的感觉，好像在哪里见过面，那个人渐渐走近时，他突然想起原来是在一次文化沙龙上见过这个人，这个人是一个杂文家，当时在沙龙上还做了演讲。于是小李主动与对方搭讪说："您就是某某作家吧？"对方一愣，听小李叫出了自己的名字，便停了下来，十分友善地问："正是正是，请问先生怎么称呼？"小李说出自己的姓名，接着又对那个作家说："上次在文化沙龙上，我听了您的演讲，您讲得太好了！"继而，小李又说出了演讲中的一些细节。比如，主办者是怎样向大家介绍的，中途又是有人怎样提问，以及这个作家的演讲，等等。作家见小李连一些细节都记得这么清楚，心里美滋滋的，信任感和亲切感油然而生。"没想到你听得这么用心，有些细节我自己差不多都忘了。"作家笑着对小李说。在交谈过程中，很自然地，作家问小李来这里是不是有什么事。小李就把要办的事说了出来，作家听了后说："这是小事一桩，我帮你打个招呼就行了。"

小李只不过因为参加了那次文化沙龙，对方显然并不认识他，但因为他留意了沙龙上的事情尤其是关于那位作家的一些小事，就这样轻而易举地把事情给办好了。

人人都喜欢被他人关注，所以记住与人交往中的细节是你获得他人信任和好感的前提。要学会巧用细节的力量，它是助你踏上成功之路的必胜法宝。

"小泥鳅"有时也能掀大浪

智者告诉我们:"小泥鳅"有时也能掀大浪。

从古至今,有所作为的领导人都深深地体会到尊重"小人物"的重要。唐代政治家魏征把君民关系比喻为船和水的关系,"水能载舟,亦能覆舟。"毛泽东说兵民是胜利之本;人民群众是真正的英雄,是历史的主人。维吾尔谚语说得好:"离开群众的人,就像落地的树叶。"

《史记·魏公子列传》中说:魏公子无忌为人仁厚,又能礼贤下士,凡是士人,不论才能高低,都能谦虚地以礼相待,不因为自己富贵就怠慢士人。因此,纵横几千里地方的士人,都争相前往归附他。他招徕的食客有三千人。在这期间,各个诸侯因为公子贤能,门客又多,轻易不敢侵犯魏国。

魏国有个隐士名叫侯嬴,七十多岁了,家境很穷,只好去做大梁夷门的守门人。魏公子听说后,就前去问候,要赠送他丰厚的财物。侯嬴不肯接受,公子就摆设酒席,大请宾客。客人坐定之后,公子带着礼物,空着车子左边的座位,亲自去迎接夷门侯先生。

侯先生整了整破旧的衣帽,登上了公子的车毫不谦让地坐在上首,想借此来观察公子。公子握着缰绳,更加恭敬。侯嬴又对公子说,"我有个朋友在街上屠宰坊里,希望委屈你的车马,让我去访问他。"公子驾着车子来到市场,侯嬴下车去会见他的朋友,故意久久地与朋友谈话,暗中观察公子。公子脸色更加温和。市场上的人都看着这个场面。这时候,魏国的将相、王族、宾客济济一堂,等候公子举杯祝酒。随从人员暗地里都骂侯嬴。侯嬴看到公子的脸色始终不变,才辞别朋友，登上了车子。来到公子家，公子领着侯嬴坐在上首，并向他一一介绍宾客。客人们都吃惊不已。饮酒正酣时，公子起立，来到侯嬴面前向他敬酒祝福。侯嬴便对公子说："我只是夷门的守门人，而公子却委屈车马，在大庭广众之中亲自去迎接我，本不应该去访问朋友，却委屈公子去了一趟。然而我侯嬴要成就公子的美名，故意让公子的车马久久地停在市场上，去访问朋友，借此观察公子，公子却更加恭敬。市民大多把我看作小人物，而认为公子是有德行的人，能谦恭地对待士人啊！"此后，侯嬴成了公子的上宾，并为公子的事业做出了贡献。

魏公子无忌之所以对许多别人看不上的"小人物"如此屈尊拜访，就在于他认识到了"小人物"蕴藏的巨大潜能，自己可以借助这种力量去达到政治目的。

一个领导人树立"四两拨千斤""他山之石可以攻玉"的意识，才能有所作为。要知道，人是最复杂的动物，你应该尽力去了解你的下属中潜藏着哪些人物，他们各有哪些才能、特长，有什么样的家庭背景、社会关系？他们的同学、朋友都是一些什么人，他们的同学、朋友又有一些什么样的家庭背景和社会关系。

《战国策》记载了这样一个故事：中山国君宴请都城里的军士，有个大夫司马子期在座，只有他未分得羊羹。司马子期一怒之下跑到楚国，劝说楚王攻打中山国。中山君被迫逃走，他发现，逃亡时有两个人拿着戈跟在他后面，寸步不离地保护他。中山君回头问这两个人说："你们是干什么的？"两人回答说："我们的父亲有一次快要饿死了，你把一碗饭给他吃，救活了他，我父亲临终时嘱咐我们：'中山君如果有难，你们一定要尽死力报效他。'所以我们决心以死来保护你。"中山君感慨地仰天而叹："给予，不在于多少，而在于正当别人困难时；怨恨，不再于深浅，而在于恰恰损害了别人的心。我因为一杯羊羹而逃亡国外，也因一碗饭而得到两个愿意为自己效力的勇士。"

《三国演义》里的曹操更是因为对待"小人物"态度的不同而影响大业。在官渡之战兵处劣势时，曹操听说袁绍的谋士许攸来访竟顾不得穿衣服，赤着脚出来迎接，对许攸十分尊重。许攸感其诚遂为曹操出谋划策，帮了他的大忙。礼贤下士的曹操借助这个"小人物"的力量成就了许多大事。

然而，曹操也吃过忽略"小人物"的亏，当他正一帆风顺时，西川的张松前来献地图，他却态度傲慢，以至于给张松留下了"轻贤慢士"的坏印象，于是张松改变了主意，把本来要献给曹操的西川地图，转而献给了刘备。这对曹操来说不能不是事业上的一大损失。可以想象，曹操对张松如果像当年对许攸那样尊重，西蜀的地盘说不定早就成了曹操的了。

作为领导，一定要记住：把鲜花送给身边所有的人，包括你心目中的"小人物"。不要总是时时处处表现出高人一等的样子。要知道，再有能力的人也不可能把所有的事情都办好，再优秀的篮球运动员也不可能一个人赢得整场比赛。在经营管理中，人的因素至关重要，有了人才会有事业，有情义同时也会带来效益。俗话说："不走的路走三回，不用的人用三次。"说不定，有一天，你心目中的"小人物"会在某一天获奖。

褒曼作为获奖者，没有喋喋不休地叙述自己的成就与辉煌，而是对自己的对手推崇备至，极力维护了对手落选的面子。无论谁是这位对手，都会十分感激褒曼，会认定她是倾心的朋友。一个人能在获得荣誉的时刻，如此善待竞争的对手，如此与伙伴贴心，实在是一种文明典雅的风度。

以上故事告诉我们，为了维护良好的人际关系，你的一言一行都要为对方的感受着想，学会安抚对方的心灵，不可以使对方产生相形见绌的感觉。与此同时，自己的心灵也会因安然自慰，而有一个极好的心情。

不要忽视"小人物"，在他们身上不经意的投入，有可能带来意想不到的连锁反应。也许，你只是因为一点家务事而心情不好，却把这种不良情绪带到了工作中，并且不加遏制地在下属中任意发泄，让这些微不足道的"小人物"成为"出气筒""受气包"，当然大多数下属只能忍气吞声，但是，其中一些有个性且自尊心很强的人，会在某一天乘你不备，重创你一下。

也许，这些人有很不一般的家庭关系，其中就有人可以直接参与对你的提拔任免，你的行为正处于人家的监控之中，"授人以柄"，岂不因小失大？

也许，这些人颇有才华，几年以后，其中会有人和你平级，甚至高于你的位置，这样，等于给自己树立了未来的敌人，使你后悔莫及。早知如此，何必当初。

世界是不断变化的，没有一成不变的事情。"小人物"不会甘于永远充当"小角色"，或许有一天也会变成"大人物"，多一个朋友总比多一个敌人强。或许，当你消息闭塞时，会有一个你意想不到的朋友，给你送来一则起死回生的消息，帮你力挽狂澜；当你仕途低迷时，会有人扶你一把；或者在你的单位进行民主评议的时候，你这个群众关系好的人所得的票数比别人多。

INTERPERSONAL
PSYCHOLOGY

第六章

平等尊重，与同事从容
相处心理学

如果你要得到仇人，就表现得比你的朋友优越

法国哲学家罗西法古说："如果你要得到仇人，就表现得比你的朋友优越吧；如果你要得到朋友，就要让你的朋友表现得比你优越。"

这句话真是没错。因为当我们的朋友表现得比我们优越时，他们就有了一种重要人物的感觉，但是当我们表现得比他还优越，他们就会产生一种自卑感，造成羡慕和嫉妒。

日常工作中不难发现这样的同事，其人虽然思路敏捷，口若悬河，但一说话就令人感到狂妄，因此别人很难接受他的任何观点和建议，这种人多数都是因为太爱表现自己，总想让别人知道自己很有能力，处处想显示自己的优越感，从而能获得他人的敬佩和认可，结果却往往适得其反，失掉了在同事中的威信。

在心理交往的世界里，人与人之间理应是平等和互惠的，正所谓"投之以桃，报之以李"。那些谦让而豁达的人们才能赢得更多的朋友。相反，那些妄自尊大，高看自己，小看别人的人总会激起别人的反感，最终自己变得孤立无援，别人都敬而远之，甚至是"厌"而远之。

在交往中，任何人都希望能得到别人肯定的评价，都在不自觉地强烈维护着自己的形象和尊严，如果他的谈话对手过分地显示出高人一等的优越感，那么无形之中是对他自尊和自信的一种挑战与

轻视，排斥心理乃至敌意也就不自觉地产生了。

有一个朋友是某地区人事局调配科一位相当得人缘的骨干，按理说搞人事调配工作很少有人会不得罪一些人，可他却是个例外。当然，这也是吃了一番苦头获得的。在他刚到人事局的那段日子里，几乎在同事中连一个朋友都没有，因为他正春风得意，为自己的机遇和才能满意得不得了，因此每天都使劲吹嘘他在工作中的成绩，每天有多少人找他请求帮忙，哪个几乎记不清名字的人昨天又硬是给他送了礼等等"得意事"，但同事们听了之后不仅没有人分享他的"成就"，而且还极不高兴，后来还是由当了多年领导的老父亲一语点破，他才意识到自己的症结到底在哪里。从此开始很少谈自己而多听同事说话，因为他们也有很多事情要吹嘘，把他们的成就说出来，远比听别人吹嘘更令他们兴奋。后来，每当他有时间与同事闲聊的时候，他总是先请对方滔滔不绝地把他们的成就炫耀出来，与其分享，而只是在对方问他的时候，才谦虚地说一下自己的成就。

德国有这样一句谚语说："最纯粹的快乐，是我们从别人的麻烦中所得到的快乐。"这话虽然听起来似乎有些残酷，但仔细琢磨一下也不无道理。是的，很多人，甚至包括我们自己在内，从别人的麻烦中得到的快乐，极可能比从自己的胜利中得到的快乐大得多。也许，这正是人性本身的劣根性，然而却是难以克服的劣根性。

因此，我们对自己的成就要轻描淡写。我们必须学会谦虚，这样的话，我们才能永远受到欢迎。要知道，从彻头彻尾的本质上讲，谁都不比谁更优越，百年之后，今天的一切也许就被忘得一干二净了。生命如白驹过隙，不要在别人面前大谈我们的成就和不凡。

戴尔·卡耐基曾有过一番相当精彩的论述："你有什么可以炫耀的呢？你知道是什么东西使你没有变成白痴吗？其实不是什么大不了的东西，只不过是你甲状腺中的碘罢了，价值才五分钱。如果医生割开你颈部的甲状腺，取出一点点的碘，你就变成一个白痴了。五分钱就可以在街角药房中买到的一点碘，价值五分钱的东西，有什么好谈的？"

这番话确实值得我们仔细回味。

学会说"这都是我的错"

人无完人，没有人会不犯错误，有时甚至还一错再错。既然错误是不可避免的，那么可怕的并不是错误本身，而是怕知错不肯改，错了也说不悔过。

其实如果能坦诚地面对自己的弱点和错误，再拿出足够的勇气去承认它，面对它，不仅能弥补错误所带来的不良后果，在今后的工作中更加谨慎端正，而且能加深领导和同事对你的良好印象，从而很痛快地原谅你的错误。

某公司财务处小李一时粗心，错误地给一位请病假的员工发了全薪。在他发现这项错误之后，首先想到的最好的办法就是想蒙混过去，千万别让老板知道，否则肯定会对他的办事能力有所怀疑。于是他匆匆找到那位员工，说必须纠正这项错误，求他悄悄退回多发的薪金，但遭到断然拒绝，理由是"公司给发多少就领多少，是你们愿意给，又不是我要的，白给谁不要？"小李很气愤，他明白这位员工是故意拿他一把，因为他肯定不敢公开声张，否则老板必然知道，真是乘人之危！气愤之余的小李平静地对那位员工说："那好，既然这样，我只能请老板帮忙了。我知道这样一定会使老板大为不满，但这一切混乱都是我的错，我必须在老板面前承认。"就在那位员工还站在那里发呆的时候，小李已大步走进了老板的办公室，告诉他自己犯了一个错误，然后把前因后果都告诉了他，并请他原谅和处罚。老板听后大发脾气地说这应该是人事部门的错误，但小李重复地说这是他自己的错误，老板于是又大声地指责会计部门的疏忽，小李又解释说不怪他们，实在是他自己的错，但老板又责怪起与小李同办公室的另外两个同事起来，可小李还是固执地一再说是他自己的错，并请求处罚。最后老板看着他说："好吧，这是你的错，可×××（那位错领全薪的员工）那小子也太差劲了！"这个错误于是很轻易地纠正了，并没给任何人带来麻烦。自那以后，老板更加看重小李了，因为他能够知错认错，并且有勇气不寻找借口推脱责任。

事实上，一个人有勇气承认自己的错误，也可以获得某种程度的满足感。这不仅可以消除罪恶感和自我保护的气氛，而且有助于这项错误所制造的问题。卡耐基曾告诉我们，即使是傻瓜也会为自己的错误辩护，但能承认自己错误的人，就会获得他人的尊重，而且有一种高贵怡然的感觉。

喜欢听赞美，哪怕明知是虚伪的赞美，这是每个人的天性。忠言逆耳。当有人——尤其是和自己平起平坐的同事对着自己狠狠数落一番时，不管那些批评如何正确，大多数人都会感到不舒服，有些人更会拂袖而去，连表面的礼貌功夫也不会做，实在令提意见的同事尴尬万状。下一次就算你犯更大的错误，相信也没有人敢劝告你了，这岂不是你最大的损失？

如果你总是害怕向别人承认自己曾经犯错，那么请接受以下这些建议：

①即便错了，也不要自责太深，更无须自怨自艾，轻看自己。你应当把这次犯错当作一种新经验，从中吸取教训，获得智慧，"吃一堑，长一智"也就是这个道理。

②假若你的错必须向别人交代，与其替自己找借口逃避责难，不如勇于认错，在别人没有机会把你的错到处宣扬之前，对自己的行为负起一切责任。

③如果你在工作上出错，要立即向领导汇报自己的失误，这样当然有可能会被大骂一顿，可是上司的心中却会认为你是一个诚实的人，将来或许对你更加器重。你所得到的可能比你失去的还多。

④如果你所犯的错误可能会影响到其他同事的工作成绩或进度时，无论同事是否已经发现这些不利影响，都要赶在同事找你"兴师问罪"之前主动向他道歉、解释，千万不要企图自我辩护，推卸责任，否则只会火上浇油，令对方更加愤怒。

如果你总是觉得听到人家指出自己的错误，是一种耻辱，令你面红耳赤、无地自容，以下这些建议或许能帮你克服这种心理障碍，慢慢懂得从批评中吸取教训：

①要明白，别人对你的批评并无损你的价值，无须一概以敌视的态度对待意见与你相左的人。

②如果别人对你的工作表现颇有微词，你要知道人家是针对事情发表意见，而不是故意与你作对，或者瞧不起你。

③切勿把"我的工作不被接受"理解为"我不被接受"。

每个人都会犯错误，尤其是当你精神不足，工作过重，承受太沉重的生活压力时，偶尔不小心犯错是很普通的事情。人们在犯错后能以正确的态度面对它，错而能改，犯错便不算什么罪不可恕的事情，反而对于你日后的工作、升迁大有裨益。

欣赏别人，也是对别人的一种激励

小李在一家文化公司供职时，自我感觉有些优越，小李是一名高学历的编辑，对于初中文化的打字员，小李从未想过她有什么优秀之处。

有一天，打字员小姐说，我们的经理只有在谈论金钱（工资）时，声音才低得让你几乎听不到。

小李很诧异他的同事能够如此一针见血地概括经理的特点。他也有过类似的感觉，但他没想过总结出来。他甚至有些佩服她的语言表达能力。

从这一天开始，小李才明白，身边的任何一个同事，都有自己闪光的地方。

爱默生说："我见到的每个人都在某些方面比我强，从这个角度讲，我要向他学习。"

保罗·哈维在他的广播节目之一《剩下的故事》里告诉人们，表示真诚的赞赏可以改变一个人的生活。他讲了这么一件事：一年前，底特律的一位教师请双目失明的斯蒂维·莫里斯帮她寻找一只在教室里跑丢的小老鼠。你瞧，她赞赏自然赋予斯蒂维的才能。这一才能是房间里其他人所不具备的。作为对斯蒂维双目失明的补偿，自然赋予他一双极灵敏的耳朵。然而这确确实实是第一次有人赞赏斯蒂维这双非凡的耳朵。许多年后，她说起这一赞赏是他新生活的开始。你瞧，从那时起，他努力发展他的听力才能，以斯蒂维·旺德为艺名，成为 70 年代最著名的流行歌曲演唱家和作曲家之一。

美国造诣最深的哲学家之一约翰·杜威的措辞稍有不同，杜威博士说，人类本性中最深的欲望是"渴望变得重要"。

我们的上司，他能处的位置就已标出了"重要"。我们的同事，甚至有一些比上司更优秀的地方。我们可以慧眼识珠，发现同事的优势和长处，对我们更有借鉴作用。我们用谦逊而细心的态度去欣赏，这是对别人的一种肯定和认同，也是给予自己一次学习机会。

林肯曾用这样的一句话作为一封信的开头："人人都喜欢赞美的话。"威廉·詹姆斯说："人类本性中最深刻的渴求就是受到赞赏。"请注意，他并没有说："希望"或"愿望"或"渴望"受到赞赏，而是说："渴求"受到赞赏。

卡耐基甚至想在他的墓碑上也表扬他的下属，他为自己拟定这样一个墓志铭："这里躺着的人知道如何把比自己聪明的人吸引到身边。"

真诚地赞赏是约翰·洛克菲勒待人成功的秘诀之一。例如：洛克菲勒的合伙人之一爱德华·贝德福德在南美洲做了一笔失败的买卖，使公司损失了一百万美元。洛克菲勒为此完全可以责备他。但是他知道贝德福德已尽了最大的努力，而且事情已经过去。因此洛克菲勒便找了可以表扬的事，他祝贺贝德福德，因为他挽回了 60% 的投资款，洛克菲勒说："这太棒了，我们并不总是做得那么好。"

赞赏，如同燃起的火星，可能会带来一定的成就。

莱特兄弟是一对富于奇想的孩子，当他们还不到 10 岁时，一次，两个人正在一棵大树下玩，抬头一看，透过密密麻麻的树叶，一轮皓月正挂在树梢上，两个孩子一下子高兴了，就爬上树去摘月亮，结果，非但没摘到，反而跌伤了腿，撕破了衣裳。父亲知道后，对孩子爬上树去摘月亮的奇想非但没有批评，而是给予了赞扬："你们想爬上树梢摘月亮的想法是新奇有趣的，是伟大的。可是你们想过没有，月亮很高，在树梢上怎么摘得到月亮呢？我希望你们将来制作一种有神翼的大鸟，骑着它到天上去摘月亮。"小哥俩听了父亲的赞扬与鼓励，可来劲了。此后，他们不断地设计凌空搏击的"神鸟"。而父亲长期当着他们的助手，最后，众所周知，他们成功地发明了世界上的第一架飞机。

每个同事都有很多值得学习之处，真诚地欣赏别人，并不意味着你比别人差，而是一个学习的过程，是一种长进的阶段。欣赏别人，你能够更具体地了解自己的不是，同时，也很好地激励了别人。

没有人会拒好意于千里之外

上班的日子里好多人都遇到过这样的尴尬：刚刚换到一个新的工作岗位上，总会感到万分别扭，战战兢兢，对很多事情都是既新鲜又提防，总想尽快磨合，适应新环境，可是一些资深的同事对你爱理不理，甚至在一些事情上还故意跟你作对，使你觉得简直无所适从，可又别无选择。谁让他们是你的同事呢？不跟他们好好合作，套好近乎，今后简直难以工作。

该如何面对这种处境呢？最好不要再寄希望于对方向你伸出援

助之手，哪怕自己多辛苦些，延长点工作时间，也不要想尽办法要求对方的帮忙，否则弄不好还会弄巧成拙，徒添烦恼。

　　另外，在未断定对方是老油条，或是一个无可救药的人以前，可以尝试着去了解对方的难言之隐，如能化敌为友，说不定还会有意想不到的收获。同时还扪心自问，无法与对方精诚合作的原因，究竟出在对方，还是自己的身上？自己是不是也应该负一点责任，去努力营造愉快融洽的气氛？要知道这些笑脸与人和平相处的技巧，可是日后事业成败的关键。

　　与同事相交，应该真诚，当他需要你的意见时，不要使劲给他戴高帽，做无意义的赞叹；而当他遇到任何工作中的困难时，要尽力而为伸出援助之手，而不是冷眼旁观，落井下石，甚至乘人之危；当同事无意中冒犯了你，又忘记或根本没意识到说声"I'm sorry"时，也应该有一个宽容、豁达的心情，真心真意原谅他，日后一旦有求于你，还要毫不犹豫地帮助他。

　　那么，明明是自己有理，为什么还要待他这么好？原因很简单，因为他是你的同事，你不能够得理就不饶人，毕竟你每天有三分之一的时间与同事相厮守，你能否从工作中获得快乐与满足，是否被人称为敬业乐业，同事们扮演着一个很重要的角色。试想："如果清晨你满怀热情地冲进办公室，准备今天大干一场时，竟发现人人对你视若无睹，谁都不愿主动与你说话，更不会有人与你倾吐工作中的苦与乐，你还会有心情好好工作吗？"当然没有！因为你现在只想知道：为什么？

　　会不会是以下的原因：

　　当大家趁着上司不在，聚在一起聊天的时候，你仍然自命清高地宁愿去做自己的工作，从来不走过去参与其中，开上一些无伤大雅的玩笑或谈些家务琐事。

是不是你很不负责地随便把同事告诉你的话转告了上司，大家岂能不提防你？

还有，你忘了，经常有同事在你面前有意无意地表示自己有多能干，有多受上司的宠幸，你不但从不称赞、祝贺他们，还总是显出一副不以为然并颇带嫉妒的样子。

同事，要的就是相互合作，共同做事，而要合作愉快，就贵在和善、真诚，如果始终心存芥蒂，又寸利不让，就只会最终弄得成事不足，败事有余。

小王和小李大学毕业后分到了同一家单位，同一个科室的同一个办公室，两年来一直焦不离孟，孟不离焦，协作搞了许多工作，是一对"黄金搭档"，领导对他二人都十分满意。可不久前上边公布的升职名单里却只有小李而没有小王。从平起平坐、不相伯仲的同事、搭档，到突然地位忽变，一个要服从另一个的上下级的关系，实在令小王心中愤愤难平，仿佛一盆冷水浇透全身。见了小李不仅别扭起来，而且越想越不服气，再加上其他同事的同情和"关心"，令小王痛苦之极，继而就是对小李的一股明显的敌意。

对此小李并非全无知晓，却并没有在意小王的敌视情绪，甚至一些冷嘲热讽，对同事们的恭贺和夸赞也表现得极为冷淡，到处传播"其实小王工作能力比我强，只是不善表现自己，才让我得了这个便宜"的舆论。并且在工作中还像以前那样，该干什么都抢着干了，而且还不时客气地问小王是否需要他帮忙。

所有这一切都令小王十分感动，也终于服气了领导为什么就没看上他，也许就是因为自己没有这个度量和胸怀吧！于是满腔的愤慨和不平都渐渐消退，自己也终于得到了平衡。两人的关系又回到了当初的友好、和谐状态，后来才知道竟然有人还曾想借此事无中生有，离间他俩的关系，以达到个人目的，真是好险。

巴掌不打笑脸，多以笑脸待人就能赢得友谊、理解和发展，化干戈为玉帛。"没有人喜欢挨耳光，没有人会拒好意于千里之外，"这话真是再英明不过了。

嫉妒是你与同事间的一堵墙

嫉妒，一个令人生厌的字眼。

在工作中，谁都同它打过交道，谁都恨它，谁都怕它，但又常常苦于没有办法对付它。同事之间的嫉妒是时时都可能出现的。

嫉妒的历史源远流长。这种不健康的思想意识，在封建社会里更是司空见惯。就连大名鼎鼎的屈原、贾谊、李白等人也奈何它不得。屈原是一位具有进步政治思想的杰出人物，但到头来还是遭到权贵的打击而被流放。"汉朝公卿忌贾生"，年轻有为的博士贾谊，为朝廷大臣所忌，被诽谤为"专欲擅权，伤乱诸事"，结果是一身才华，无法施展。大诗人李白在朝廷受嫉妒，被谗毁，被迫离开长安，最终也只能发出"大道如青天，我独不得出"的哀叹。

嫉妒也称忌妒，是指对才能、地位或境遇比自己好的人心怀怨恨。巴尔扎克说："嫉妒潜伺在人心底，如毒蛇潜伏在穴中。"英国著名哲学家培根在《论嫉妒》一书里也指出："当一个人自身缺乏某种美德的时候，他就一定要贬低别人的这种美德，以求实现两者的平衡。"心理学家还认为，嫉妒是一种精神上的病态，不仅严重地影响嫉妒者的身心健康，正如巴尔扎克所言："嫉妒者遭受的痛苦比任何人所受的痛苦更大，因为他自己的不幸和别人的幸福都能使他痛苦万分。"而且还殃及他人，严重影响同事间的团结，影响夫妻关系和家庭和睦，因嫉妒心过重导致犯罪的事例也屡见不鲜。有关人士分析认为，诬陷罪、故意伤害罪中相当部分是由嫉妒引起的。

对付嫉妒，首要的是要战胜自己。在这里。关键是要有一个好的心理素质。与其说是对付嫉妒，倒不如说是你在对付自己。这就是犹如打仗和对待疾病一样，如果你还没有上战场，就先输了胆，如果你还没有染上什么病菌，就在那里无病呻吟，那还不打败仗、不招惹病魔？有这样一个调查数据，足可以说明心理因素的重要。美国加州斯坦福大学的一组心理学家进行的一项调查显示：高达70％的成年女性和81％的成年男性在其一生中曾有过"怯场"。这些人由于心理因素所致，在见到陌生人或者置身于未曾经历过的场面时，会感到紧张焦躁，或变得沉默寡言，有的甚至心跳加速，冷汗直冒——此时此刻，大脑会突然停止工作。思维变得一片混乱，既听不见对方说的话，也不知道自己该说些什么才好。我想，成功者的经验至少将会从三个方面引你走出迷雾。这就是：其一，要相信自己。相信自己只要是做得对的，就应该坚持到底，而不应当听风就是雨，患得患失，滞步不前。其二，要藐视对手。就是说，面对嫉妒，在心理上不要产生惧怕感。"人言"虽然"可畏"，但"不做亏心事，不怕鬼敲门"。更何况，有嫉妒心者大都是工作学习上的暂时落伍者，或是事业上暂无成就者。这些人由于长期精神负担的压抑，胸中郁闷，精神空虚得很。说句不谦虚的话，对这些人不攻即可自破。其三，要少发牢骚。嫉妒别人是一种不健康的心理状态，也是一种不道德的行为。人们鄙视它，是可以理解的。但是，如果你在此时此刻把主要时间和精力用在发牢骚的嫉妒上，我想，这除了无济于事外，必定还会影响自己的学习、工作和生活，影响同事间的相互团结和友谊。

让人家说去吧，我走我的路。当嫉妒来临时，可能会给你惹来麻烦，以致产生危害，但更大的悲剧在于你轻易地改变自己的正确观点和中断正在追求着的进步之路。下面这则故事也许能告诉你什么。

200多年前的一个秋天，英国牧区的一个县医学会正在开会。英国医师琴纳兴冲冲地向大家报告，用牛痘接种可以使人免除天花。一听完琴纳的报告，会场上马上像开了锅。

一个医生站起来说："琴纳先生认为人是从牛的身上传染牛痘，那他就是把人当作下贱的牲口了。"另一个医生接着嚷起来："什么种牛痘。这简直是亵渎神明！"

这种情况并不使琴纳感到意外，他早已领教过了，可是事情比他想象的还要糟。

"如果琴纳坚持自己的观点，那么他还有没有资格从事外科行医，就值得怀疑！"另一个医生马上附和："对，如果他继续在这方面进行研究，就应该把他开除出县医学会。"

情况是险恶的，但没有使琴纳屈服，"让人家说去吧，我走我的路！"事实证明：正是由于他的发现，才拯救了无数人的生命，打开了免疫学的大门，全世界都感谢他！

琴纳的遭遇和成功，分明是在向你展示他对理想、对信念的执着追求，对狭隘、自私的无声鞭挞。也许你会从中感受到一种伟大的力量，一个宽阔的胸怀，区区嫉妒又算得了什么！也许你会从中感受到一种洒脱与轻松。

面对嫉妒中伤之时，正是你"更上一层楼"的大好良机。此话从何讲起？

你想想看，嫉妒别人总是需要时间和精力的。试想，一个人如果整天在那里对他人暗地生恨，既伤心又伤气，那还能把全身心力都用到学习、工作中去吗？如果你在此时此刻，还能像过去那样"学习、学习、再学习，工作、工作、再工作"，岂不赢得了更多的宝贵时间。人们常说，人生犹如一场群体接力赛，如果真是这样，他和你的差距只能是越拉越大。当然，这可能并不是你所要看到的比赛结果。

你再想想看，你之所以会受到别人嫉妒，大概总是有原因的。也许是由于你的工作突出，受到了上司的赞赏和同事们的称道；也许是你待人热情，处事大方，受到了朋友的喜欢和青睐；也许是你高风亮节，心胸豁达，大事讲原则，小事讲风格，受到了群众的尊敬和爱戴；也许是你的家庭幸福、美满，或者妻子、儿女长得漂亮，打扮得也很时髦，受到了众人的羡慕和夸奖。好，这就对了，原来他嫉妒的正是你的优点所在，如此这般，说明你应当继续挺胸抬头、昂首阔步地走下去，绝不要因此而动摇"军心"一步一步向后滑去。有道是"击人之长长更长，击人之短短变长"。有一句名言说得好：嫉妒别人不如提高自己。临渊羡鱼，不如退而结网。反过来想一想，也是同样的道理：与其受到别人嫉妒而坐失良机浪费青春，倒不如抓紧时间去做更多的工作，进一步充实、发展和完善自己。

在他人的嫉妒之中，也能给你提醒。嫉妒是可恶的，但你也不要一个劲地往死胡同里钻，来回想一想，说上两句话，也许会使你获得更多的好处。假如你在公司里是一个先进工作者，或者是什么业务高手，你生活得十分惬意、洒脱，可能会有人谗言：这个人能力倒是很强，就是自恃清高，骄傲自大，看不起人。其实，这也算不了什么。如果人家说的哪怕是有一丁点儿道理，你也应当改正；如果说的并不是那么回事，你也可当作一种提醒，不妨主动反省一下：是不是自己平时在工作和生活中自觉不自觉地流露出了一些自满情绪？如此，则今后在这方面多注意一点，也绝没什么害处。说不定，要不是人家提醒，你对这个问题的警惕程度还没有现在这样高呢！

主动弥合"裂缝"，不要伤了和气。一般来讲，嫉妒者与被嫉妒者之间很容易产生一些隔阂，如若处理得不好，还会使朋友成为仇人，甚至酿成悲剧。正像有的朋友所言：嫉妒虽不属团结问题却影响团结，不属感情问题却影响感情，不属工作问题却影响工作。由此看来，此类问题，切莫小瞧。明智的态度应当是：疙瘩宜解不宜结。心眼要大，姿态要高，万不可把对方一时的过错作为疏远相互感情的一种理由，得理也要让人，这应当成为你的大度风范。比如见了面，仍然同往常一样，主动打个招呼，问个好，这并没有什么不好意思的地方；有了病，你主动去看一看，表示慰问，也不见得就低了多少；工作中有了难办的事，你主动帮助出出主意，想想办法，人家也不会那么不近情理。再想想还有些什么，你想想，你若能做到这些，即使矛盾不能即刻化解，至少也可以起到阻止矛盾扩大的作用吧。

如果有必要，你还可以善意地向朋友提出规劝。前面已经讲过。你之所以会受嫉妒，一般来讲，是由于品德、才能、荣誉、地位乃至容貌、家庭等要比他人强一些，就是说，你在嫉妒者的心目中仍不失为"先进"。既然是这样，你就有帮助他人的义务。倘若你只顾自己进步，那至少不是一个对别人很热心的人，你可以选择这样的机会和条件：在对方高兴的时候，在双方感情比较接近的时候，在个别谈心的时候，最好能从赞扬对方的上进心入手，运用一些科学的道理慢慢地去敲开对方"封闭"的大门。比如，你可以给他讲这样一些道理：嫉妒心强的人，可导致其神经、消化、内分泌系统发生紊乱和损害。最常见的是容易产生失眠、头痛、头晕、饮食减退、烦躁易怒、疲乏无力等。还可以使人的肌体预防疾病的能力下降，免疫力减低，最易患脱发、白发、慢性胃炎、心肌疾病、高血压、神经周期紊乱、经前期紧张症、痛经等。最使人恼火的还有早衰。还可以给他讲一些鼓劲儿的话：我知道你近来的心境不太好，心理很矛盾、很痛苦，与其在那里生别人的闷气，倒不如把全部精力放到工作学习上去。凭你的基础和才华，不愁干不出一番事业来。如此等等，不一一列举。

帮助嫉妒者摆脱嫉妒的方法，正是被嫉妒者有效地对付嫉妒的过程。你认真想一想，此话是否有道理？

带着一份感恩的心去工作

同事之间要想融洽相处，其实也很简单，学会真诚地关心别人，不管是生活上还是工作上，一份让人温暖的关心，可能会带来整整一天的快乐，或者会使事业更容易成功，关心别人的同时，也给自己带来了快乐。

我们用心去关心别人，用行动去帮助别人，我们就不仅能获得别人的感激，也能获得自己施予的满足，为自己有能力帮助别人而高兴。

这个世界每个人都活得很不容易，太累的时候，学会体谅别人。要学会怀着一份感激生活。

同事之间相处，即使是事不关己，需要你的帮忙时，也不要高高挂起。能帮人处且帮人，同事遇到困难寻求帮助时，不妨伸出你热情的双手，真诚地助人一臂之力，在不知不觉中为自己存下一份善果，自己需要帮助时，就很容易得到。但是，需要提醒的是，在"不知不觉中"因为帮助同事时不要总期望得到回报。

历史名将吴起，不仅天生骁勇，威猛善战，而且在笼络手下士卒上也颇有高明之处，士兵们对他崇敬异常，甘愿随他苦战。

吴起与士兵同甘苦，共患难，睡在一起，吃在一处，衣服也穿一样的布料，受到士兵爱戴和拥护。

有一次，一个士兵因伤不愈，伤口溃烂，里面脓汁不断，痛苦不堪。吴起见此，丝毫没有犹豫，俯身用口将伤口的脓血吸净，当场士兵感动得痛哭流涕，其他人也无不唏嘘。

那位士兵的母亲闻知此事，竟大哭起来，别人不解，问她："你的儿子本是一个小卒，今蒙吴将军如此关爱，亲口帮他吸出脓血。你不高兴反而大哭，却为何故？"

士兵的母亲说道："你们有所不知，先夫也是吴将军手下的一个士卒，前番也因感激吴将军吸脓血之恩，誓随将军左右，结果惨死于战场之上。今我儿又蒙将军此等大恩，想必亦是以死相报，怎不令我伤心呢？"

人心都是肉长的，只有用心才能换心。只要你真诚地去对待别人，别人也会同样对你。

汉代名将李陵，率兵北击匈奴，就非常关心军士饥苦。在出击匈奴时，不幸遭劫，受到包围，所率士卒被杀得丢盔弃甲，浑身是伤，却没有一个肯丢下李陵逃去的。最后，李陵大喝突围，士卒们摇晃着从地上爬起来，举着空荡荡的弓弦，满脸血污，却勇随李陵冲杀。若非李陵平日宽厚待人，又怎会有如此。

由此可知，只有宽厚和善，待人不计小节，方可得人心。

INTERPERSONAL
PSYCHOLOGY

第七章

把握尺度，获得上司
重用心理学

领导与下属的黄金分割点

我们不能奢望领导主动垂青自己，但我们可以感觉到领导给众人的距离感，在我们了解领导的"距离"之后，再想我们如何恰到好处地与领导处在黄金分割点上。

许多领导正是通过有意识地保持与下属的距离，使下属认识到权力等级的存在，感受到领导的支配力和权威。而这种权威对于领导巩固自己的地位、推行自己的政策和主张是绝对必需的。如果领导过分随和，不注意树立对下属的权威，下属很可能就会因为轻慢领导的权威而怠惰、拖延甚至是故意进行破坏。所以，领导通过"架子"来显示自己的权力，进而有效地行使权力是无可非议的，对于领导很好地履行自己的职责也是必要的。距离，既会给领导带来威严感，也会给下属这样一种印象，即他可以随时行使他的权力来达到自己的目的。威严感会使领导形成一种威慑力，使下属感到"服从也许是最好的选择"，而"不服从则会给自己造成不利"。

"一个领袖必须能够使他的部下具有信心。他必须能够维护自己的权威。"

"最最重要的是，没有神秘就不可能有威信，因为对于一个人太熟悉了就会产生轻蔑之感。"

"一个领袖没有威信就不会有权威，除非他与人保持距离，否则，他就不会有威信。"

领导有其作为领导的心理及特点，同时，他也是有平常心的，至少也像常人一样的友情、亲情、爱情……他是矛盾的，他的尊严和权威，又正是他的痛苦和孤独。生活中常会遇到这样一种情形，与领导距离远了，你会觉得领导不了解你，不重用你；与领导距离近了，同事中就有议论你"巴结领导""溜须拍马"，有时甚至领导也烦你。很多人为此烦恼不已。

其实，处理与领导的距离就像炒菜一样，掌握好了火候，也就不难了。

处理好与领导的关系，首先要互相了解。"我干我的事，他做他的官，我干吗要了解他。"这样的想法就错了。不管你多么才华横溢，志存高远，没有得到领导的重用，也是枉然。因为不管你承认不承认，喜欢不喜欢，领导对于你的前途命运都有着很重要的作用。你如果对领导的习惯、方法、嗜好等有所了解的话，那在领导面前说话就会更得体，工作就会做得更合他的口味。这样一来，领导自然会赏识你。而你的才华如果能被领导所识，那在适合你做事的时候，他就会想到你，如果只知道有你这么个人，但对你了解不多，你也就没有机会一展身手了。

距离太远，自然看不太清，要敢于和领导接近，了解他。

领导也是人，也是食人间烟火，有七情六欲的人，他也希望能够被人理解。他需要接近、了解下属，你需要接近了解领导，这是正常的人际交往，不必担心因别人的议论而躲避领导。你如果希望领导喜欢你，看得起你，那么首先得让领导看得见你。

正如领导须有一双识才慧眼，我们不妨也多留意领导的具体可爱之处，而不仅仅是他的身份。

如果你注意寻找别人身上应予以肯定的东西，你会发现在他们身上有许多惊人的好事值得大讲特讲。拉尔夫·瓦尔多·伊默森说："我遇到的人，都在某方面比我强。"如果美国的大人物都能说出伊默森这样的话，我们这些小人物就不难在我们邻居身上找到出人头地的优良品质了。学会出人意料的表扬，更会加强我们赞许的艺术。在这样的场合，比如，吃了一顿美餐或听了动人的讲演，人们都要习惯地恭维一番。亨利·泰勒爵士在他19世纪写的《政治家》一书中指出：等到以后有机会再回顾其中的细节加以赞扬和肯定，效果就会更好。他说：

一个人讲演完毕，刚一坐下，你就喝彩。他认为你这是出自一般的礼貌。但是过一段时间，也许他认为你把他的讲演早已丢在脑后了。这时你再对他表示你把他讲演中的教益还铭记在心。这样，他对你的恭维将会经久不忘，远远超过你对他讲演的记忆。

可爱的人，自然是会讨领导喜爱的。

我们与领导说话时，应多注意他的心理。

了解他人心理，不仅要抓住他人大致的心理波动，而且要在细微之处下功夫，利用细小兴奋的刺激来影响其特定情形下的心理，从而使你的赞美既巧收"润物细无声"之效，又有极强的针对性。领导，各有各的性格和特点，所以，我们首先要尽量地去了解他，才能愉快地交流。

每个人都有自己所感兴趣的事情，领导也不例外，我们可以仔细想一下，领导的兴奋点究竟在哪儿？这样才能有的放矢地进行畅谈。

酒逢知己千杯少，话不投机半句多。我们要很聪颖地走近上司，而不是一味谦卑和委屈地服从。

接近领导，取得了解，这是走向事业成功的一个途径。

接近上司，使自己不会成为"被领导遗忘的角落"。

但凡事都过犹不及，接近领导也要有个度，要做到不即不离。

领导者与被领导者，在机构中的地位毕竟不是平等的。而过从甚密就会产生平等化的东西。这些东西说不定什么时候就会让你栽跟斗。距离太近就会产生这样一些不利于你的影响。

因为距离太近，领导就会把你看得一清二楚，自然你的缺点一旦触了领导的一根筋，这就会把你的优点一并抹杀，打入另册。

总之，与领导交往是关系到成败得失的重大事情，我们只有恰到好处地与之保持距离，才能完美地实现我们心中的愿望。

在上司面前保持你的魅力

对于和自己熟悉的人，不易产生尊敬。

常听说职员和上司应保持亲密，如果疏远了上司，往往会冲淡对方对你的关心。积极地跟上司接触，在上司的记忆里，常有你的存在。从这一角度而言，还是出风头的好。而胆怯，客气，都是不应该的。不管是什么事，都要积极地推销自己，使自己的存在更为明确。一个被上司遗忘的人，既无意义又太可惜：这种人甚至会被推迟提升的机会。

不断地和上司接触、打交道，通电话、写信，把自己的名字刻在上司的心上，不仅在企业界很需要这种自我宣传，同时，每一位从业员也需要。

充分跟上司保持亲密，或许上司觉得自己是常常在思考，研究事情的人。

但是无论关系如何亲密，跟上司毫无隔阂，随易地称呼他，并向他撒娇，如此不久后，就会令他感到厌烦。上司会认为你的存在并不是很重要，对一个过于了解的人，兴趣会逐渐地淡薄。

这一点，你应该充分了解，要必须一个接一个，向上司提供新鲜的事，不断提供新鲜的情报，这才是不使人厌烦而保持亲近的条件。那么，情报要从何处来呢？这并不难，只要让对方有新的发现，将这种事提出来，就可以了。

让对方觉得，什么都感到惊奇。如果彼此太亲近了，无互相尊重之心，长久下去双方都会感到无聊。而上司和部下的关系也会陷入低谷。

"你太了解我了，我竟然这么相信你……"这是一首歌的歌词。为了所爱的男人，奉献出自己的一切，结果反而遭到对方遗弃的一名女性，发生了她的怨叹。

这首歌表现出了女人的弱点及其愚蠢，且充满了哀愁。

被人遗弃，的确是件愚蠢的事，因为她已经把一切都奉献给了他。正因如此，男人才会对这种女人厌烦吧！当然，这种女人自己也要负一部分责任。因为将一切都献给这种肤浅的男人。本身就是相当愚蠢的事。而且，她也真没有认识男人的眼光。依我看，正因为这女人已没有吸引那男人的魅力，所以那男人才会感到厌烦的吧！

将自己所拥有的一切全然地奉献，已经没有东西可以再奉献的时候，被遗弃自是无话可说。因为不令对方感到厌腻，必须要有新的魅力，赋有这种生生不绝的源泉，才能吸引人的心。而魅力，并不纯粹指肉体而言。

男女关系从某种意义来看，是彼此相互"食取"，男人想向女人贪取某些东西，而女人也想获取男人的一切。

对方想要的东西，无论你怎么给都给不完，而保持有新鲜魅力的人。如果你是女人，男人一定会喜欢你，而向你求取更贵重的东西。

上司和部下的关系也是如此，部下向上司奉献自己所拥有的能力，上司也会对你表示亲切。如果你将一切都奉献时，上司就会逐渐疏远你，而觉得无法从你那里得到好处，就不会再对你感兴趣了。

你应该牢牢记住这点，用你的优点去获取上司的信赖和亲切，同时不要沾沾自喜，要常常反省自己，是不是有无穷的宝藏供人挖取？是不是让对方有求必应？

如果你已把一切都奉献出去。那么你的宝库已空，你就要尽快再去外面吸收一些宝物，那就是"情报"也就是意见，同时要"读书""自我反省"。

在态度上，经常都保持低姿态的你，有时也要让他感觉到你坚毅的一面。当上司认为，再也无法向你要求什么时，如果你能说："我想，这种看法应该行得通，你认为如何？"或"从那个角度来看，可能会产生这种结果"等，把你的看法说出来。如果你能有如此不断的变化，则上司不但不会对你感到厌腻，反而觉得你越来越有新鲜的魅力，而不敢放弃你。

想要得到上司的永久信赖，就必须要如此，要有未卜先知的魅力才行。千万不要像一个被遗弃的女人一样，一切都奉献殆尽，你应该常保存十足的魅力。

不可忽视上级的建议

工作中不乏有一些十分热心的上级，他们出于对下属的关心，常常会主动地给下属们提出种种建议。如果这些建议对自己的工作有帮助，当然可以毫不犹豫地接受。但是，如果这些建议根本就不适合自己的情况，那该如何是好呢？接受吧。实在是有违自己的本意；拒绝吧，又唯恐伤了上级的面子和好心。

对此，当然更重要的还是自己的意愿。无论是多么好的上级所提出的建议，只要不适合你，你完全可以给予拒绝。而不必因照顾上级的面子给自己带来痛苦。其实，上司给你出主意，提建议，也往往是为你好，他并不会因为你的拒绝而感到自己丢了面子。

在此，有必要说明的是，对待上级的意见和建议，还得有所区分，看这种建议是对工作，还是对生活而言的。如果是就自己的工作所提出的建议，则应该予以重视，且不可轻易地拒绝。因为这往往是一种婉转的批评方式。他可能不愿直截了当地指出你工作中的某些不足，而采用建议的方式。所以，在这种情况下，应该借此认真地反省自己的工作，仔细检查自己的不足。如果自己的确不存在什么不对的地方，也不妨婉转地予以拒绝。与此不同，如果是针对生活方面所提出的建议，则完全可以按自己的意愿处理。在上级这样做时，你完全可以将他作为一个朋友和同事对待，不必感到一种权利的压迫感。

当然，无论是对哪种建议的拒绝，其方式都必须是恰当的、委婉的、巧妙的。例如，当你的上级要给你介绍对象时，你完全可以推脱说你已有对象。如果在见面之后感到不满意，你也可以用一种戏谑的口吻，用自我贬低的方式表明自己的态度。在其他方面也是如此。总之，要尽可能让上级感到你是很认真地对待他所提出的建议，而且非常感谢他的关心。这样，即使你拒绝了他的建议，也并不会由此而伤害他的热心肠而造成不好的后果。

恰当地向上级提出请求

一个人如果能得到与自己的能力、兴趣完全一致的工作岗位，那无疑是一件非常值得庆幸的事。但是，在现实生活中，命运总是跟人们过不去。人们也总是在社会分工中，在某一部门，被安排在某个不甚理想的工作岗位。例如，有人想干电工，却分到了机床边；有人想开汽车，却来到锅炉旁……面对这种不尽如人意之处，人们应该有一个调整自己的取向，而不能一味要求社会迁就自己。但是，在条件允许的情况下，我们要不要主动找上级或领导谈谈，提出调换工作岗位的要求呢？

完全可以。如果在同一个单位内，你觉得有更适合你的工作岗位，那儿也需要人员补充，你当然可以提出这样的要求，但是，在这种时候，通常有这样几种情况会影响你的请求。其一是你目前所在的岗位更需要人，特别是一些相对而言比较艰苦劳累的工作岗位，上级和领导不大愿意轻易地调动人员，以免动摇人心。于是，尽管你想去的岗位也需要人，上级也不一定会满足你的愿望。因而你的请求便是不适当的。其二，虽然你所在的岗位也可以让你走，但你想去的岗位却是一个令许多人都向往的地方，不少人也都有同样的请求或愿望，在这种情况下，上级也常常宁可保持一种稳定和平衡，不做任何调整。于是，你的请求可能也会招致不好的效果。

总之，在提出类似的请求时，最好是先考虑一下这样做的可行性究竟有多大，然后再作决定。否则，将是不适当的。

与上司相处，要进行适当的感情投资

与上司相处，有必要进行一些适当的感情投资，让他认为你是他的朋友，而不是敌人。这样，你在晋升的路上又多了一成胜算。比如合理地宽容对方，尽量保护上司的尊严，必要的时候替上司承担过错等，领导也是人，他不会把你的好心当成驴肝肺，只要一有机会他肯定会报答你的。

但我们在进行感情投资时必须把握以下几点：

进行感情投资一定不可丧失原则，态度不可低三下四，要不卑不亢，否则只会让领导看不起你。

进行感情投资不可过于张扬，如果你生怕别人不知道而四处宣传，领导是极为反感的。

下属要得到上司的欣赏，不仅要善于在工作中和上司相处，还要善于在一些特殊场合表现自己的才干和优势。

（1）在娱乐时善于和上司相处。

当领导的，有时为了联系群众，或者休息，常常和自己的下属在一起开展各种娱乐活动，比如打打球、下下棋等。在这种情况下，作为下属，要不要客气一些呢？也就是说，给予一点照顾，让上级赢几回，给他一点面子。某公司办公室的老王就碰到了这样的问题：

　　李经理是一个棋迷。每到午休的时候，他总要扯上老王杀一两盘。这一来是老王的象棋下得不错，二来也是紧张工作之余的一种调剂。可是，老王却并不太愿意与李经理下棋。其原因是李经理的棋艺实在是不算高明，和他在一块儿下棋，根本没有什么意思。要是使出真本事，李经理根本无还手之力，准得回回输。可要是让他几招，自己又觉得乏味，人家也说不定会说自己拍马屁，讨上级的好。无奈，他只得采取一种折中的方式，有时赢他，有时也输几盘。

　　类似于老王这样的情况还真不算少。那么，在与领导一块进行娱乐活动的时候，要不要客气一点呢？一般来说可以不予考虑。因为，上级既然打算与自己的下属一块儿玩，就表明他是放下架子的，也不是作为一个上级的身份进行娱乐活动的。而且，有些上级恰恰正是希望通过这种娱乐活动，与群众打成一片，进行感情的联络、沟通，缓解工作中的某些紧张关系。在这种情况下，如果我们还要把他作为一位上级看待，处处客客气气的，什么都让着一点，反而违背了上级的初衷，使之达不到真正的效果。如果你真正地以一个同伴的方式和态度与上级在一起娱乐，上级反而会觉得你对他是坦诚的，信任的，这样，也同样会提高他对你的信任程度。

　　但是，在这样做的时候，也必须考虑具体对象。有些上司属于争强好胜一类的人，你则要让着一点，对这种上级最好的方式是不要在一起娱乐。另外，有时上级跑来娱乐则是出于另一种目的，他可能是工作中有些不顺心，也可能是受到其上级的批评，正闷着一肚子气，想找一种方式调剂一下。在这种情况下，其形象和态度都会有些反常。如果是这样，出于对上级的体谅与帮助，则应该客气一些，做出一些必要的让步，使其能够在娱乐中得到某种放松和调整。

尽管是客客气气地与上级在一起娱乐。或做出某些让步，你也得有一定的、适当的方式，即在形式上仍然是认真的，不客气的，最好是让其觉察不出你在让他，使之感到是凭自己的真本事获胜。这样，便可以获得更好的效果。

（2）正确对待他人在你面前议论或埋怨上司

任何上司都会有这样或那样的缺点，而有些人也总爱在背地里议论或埋怨上司，并说一些当面不说的话。在遇到这种情况时，假如你也有同样的看法，要不要附和呢？要是不附和，不予答理，可能会招致人家的闲话，说你胆小鬼，马屁精，没有一点个性等等；要是附和了，万一被上司知道，那也没有好处，现实生活中常常有这样的事：有些人在背地里对上司评头论足，说三道四，可是，他又常常回过头去向别人和领导把你的附和添油加醋地说一番，弄得你非常难堪。

对待这样的情况，最好是不要去附和。特别是对那些好搬弄是非的人，更应该敬而远之。如果他非找到你说这些话，也可以扯开话题，或来一个王顾左右而言他，甚至是干脆就用一些中性的，谁也不知道究竟是什么意思的"嗯，嗯"来对待。在现实生活中，尽管人们对上司会有各种各样不同的看法，但如果是背地的议论，肯定又是带有个人的利益取向。由于每个人的利益取向不一致，每个人对上司的期望和要求也不一致，所以，当别人议论上司时，你大可不必去附和，否则很容易成为某些人的工具，被别人当枪使。

当然，有两种情况可以例外。其一是那种怨声极大、群众反映十分强烈的上司，在大家议论或批评他时，你不妨也可以进行附和，表示你的看法，切不可回避，否则，必将招致大家的反感。其二是朋友之间的议论你也可以附和，因为这是一个彼此间相互信任，彼此交心的小圈子。如果你在这种场合下也缄口不语，也会惹得朋友们的反感，认为你不信任朋友。

不要宣扬自己的功劳，小心功亏一篑

好的东西，每个人都喜欢；越是好吃的东西，越舍不得让给别人，乃人之常情。没有人喜欢吃剩下来的东西，也没有人喜欢吃最不好吃的东西。

我们观察小孩子吃东西的情形，就可以明白了。只要妈妈端出来好吃的菜。会很快就把它吃掉，这是常见也是可喜的现象。

然而，你已不是小孩，已经了解"忍耐"这句话的真义。

好吃的"菜"应该让你的上级"吃"，即使自己垂涎三尺，也要对上级说："请你先吃吧！"

虽说如此，但针对的并不指吃东西，而是指工作上的利益而言，即假使有某种工作顺利完成，你要把功劳让给上级。

也许你会说："我自己立下的汗马功劳，何必让给上级呢？"我知道大家都不愿意把功劳让给别人，但是，这才是真正重要的事。

如果你真的有能力去完成一件事，那么你立功的机会还很多。如果你能克制自己不肯让功的情绪，而将功劳让给上级，于你无害有利，你只要在下次的机会中再次立功即可。

在这大多数的人都不肯把功劳让给别人的社会上，如果有人肯大方利落地把功劳让给别人，而受到礼让的人一定会吃惊、他们会觉得"真的吗？"等到上级了解事实真相后，一定会感激你，对你产生好感。

我们对上司，应怀有一份炽热之心，此极其重要。如果只会打眼前的算盘短视近利，将来一定会吃亏。

若遇到你礼让的上级，心中会产生"我欠了人家一份人情债"的感觉。所以，他一定无法释怀，而常常这样想："此人很体谅我，所以才会把功劳礼让给我，他真了不起！"而对你产生好感。

你建立功劳的事，对你自己的才能已有了自信。要此时你又能将自己所立的功劳，礼让给上级独享，使你的人格变得更伟大，这是很大的收获。因为，连你自己都会觉得自己的气量很大。

上级总有一天，会设法还给你这笔情债，同时也会给你再次建功的机会，这对你来说，绝不吃亏。

但是，有一件事你必须注意，那就是你把功劳礼让给上司的事，绝不可以对外宣传。如果你没有自信能遵守此戒律，那你最好不要让。你让功的事，要由被让者来宣布，而不是你。虽然这样做不能扩大你已建立的功劳，但你的确可以收到一些奖励——纵使这种代价较小。

把功劳让给上级，是为了将来在工作上，得到上级帮助的机会，当然，我们不可以只打功利上的算盘，在组织上，为使一项工作完全无误的完成，并不单靠一个人的力量就办得成，而是要借助众人的力量，合力完成。尤其是上级的帮助，或适当的指示，更为重要。为了这种重要性，你应把你不想让的功劳让给上级，倘若能因此而使上级成为你的朋友，则将来你所立的功劳会更大。届时，你可能得到上级的祝福与更多的奖励。

将好的东西先让给上级，相信有机会，上级一定会回报你。

万一，在实际上你并没有得到上级的回报，但以长远的眼光来看，上级对你所怀的善意，于你是很有利的。只是，千万不要宣扬你让出功劳，否则你的善意将化为零。

巧妙地处理与上司的冲突矛盾

冲突是我们工作、生活中不可避免的，尤其是上下级间的冲突，更是时有发生。那么作为一名普通的被领导的下级，当你与上级发生冲突时，该如何去做呢？

（1）忍耐，但不超限。

为了维护良好的上下级关系，和谐地和上级相处，必须学会忍耐。我国历史来崇尚谦让和忍耐，但这并不意味着委曲求全，也不是让我们去一味地忍耐，假若如此，上级领导将被长期放纵下去，而越发的为所欲为。我们这里只是要你适当地忍耐和节制，并正确掌握和运用这一手段。

由于上下级之间所处的社会层次不同，各自自我角色的认知和彼此对他人角色地位的认知不一致，上下级间难免有矛盾、冲突发生。即使是和谐的上下级关系中，冲突的蛛丝马迹依然可见，只不过有的尖锐，有的钝化，有的公开，有的潜藏，存在的程度和方式有所不同罢了。所以在处理上下级的冲突时，要尽量忍耐，将个人与上级之间的外在冲突，转成个人心理的自我调整。例如，当上级无端批评你时，你自然感到委屈，甚至想与上级闹翻。但你此时应该冷静下来，要以"路遥知马力，日久见人心"的准则来安慰自己，相信会有弄清事实的那一天，于是你的内心会渐渐平静下来。如果你采取极端的做法，暴跳如雷，大动干戈。其结局可想而知，自己与上级关系的危机顷刻之间便会发生，甚至难以收拾。

在处理上下级关系时，尤其是当你与上级发生冲突时，一定坚持宽容、忍耐、克制，它可以使自己和上级在心理上都有一个缓冲的坡度，在自我认知和相互认知的程度上净化一步。一方面我们要反省自己的行为，是否有不当之处，另一方面，上级也不可能是"一贯正确"的，不管对错与否，你忍耐一下，也给上级一次反省自己的机会。再者，突然而激烈的外部冲突，只会增加彼此间的反感，导致交往的裂痕，使上下级关系难以良性发展。

最后需要强调的是，我们所指的忍耐是有限的，不超越限度的，绝非一味忍耐，毫无限度。

（2）合理维护自身利益。

合理维护自身利益与忍耐是相对应的。也是处理上级与下级关系的一种手段。忍耐不是无限的，更不是万能的，有时必须通过一定手段来维护自身的利益。例如，对待上级存在的一些大问题和一些原则性问题，单凭忍耐是解决不了问题的。这时必然需要我们表明立场和观点，加以抵制和斗争，以维护组织及我们的自身利益。事实上，大多数上级，对于来自下级的合理批评和意见，是虚心接受并热诚欢迎的。只要我们是从工作出发，直言不讳地帮助上级改进工作，绝大多数领导是给予鼓励和支持的，并不影响上下级的关系。

处理好上下级关系，争取并合理维护自身利益关键要掌握好尺度，即合理。如果不讲理、无理取闹、胡搅蛮缠，必然损害上下级关系。

坦然面对领导对你的误解

做人难，做人的部下更难，做几个人的部下则是难上加难。有时往往不经意的时候得罪了某位领导，而我们自己却浑然不知，等到弄明白是某位领导误解了我们的时候已经为时晚矣。

小韩在五年前还是基层车间的一名钳工。后来厂宣传部调来的一个姓方的部长见小韩文笔不错，便顶着压力将小韩调进了宣传部当了宣传干事。从此，小韩对方部长的知遇之恩一直铭记在心。两年后，小韩抽到厂办当了秘书，成了厂办王主任的部下，精明的小韩很快就得到了王主任的喜欢。

没过多久。小韩忽然感到方部长和他渐渐疏远了。一了解，才知现在的领导王主任和从前的领导方部长之间有私人恩怨，因而，方部长总是怀疑小韩倒向了王主任那边。

其实，引发方部长对小韩误解的"导火线"很简单：在一个雨天，小韩给王主任打伞，没给方部长打伞。这还是很久以后方部长亲口对小韩说的，而事实上小韩从后面赶上给王主任打伞时，确实没有看见方部长就在不远处淋着雨，误解就此产生了。

一气之下，方部长在许多场合都说自己看错了人，说小韩是个忘恩负义的人，谁是他的上级，他就跟谁关系好。小韩其实根本不是这样的人，他也浑然不知发生的这一切。直到方部长在人前背后说小韩的那些话传到小韩耳朵里，小韩才感到事情的严重性。

对此，小韩自有他的处理原则：

一、让时间做公证。正所谓"路遥知马力，日久见人心"。方部长在气头上说自己是忘恩负义的人，一定是自己在某一方面做得不好，现在向方部长解释自己不是那样的人，方部长肯定听不进去，自己到底是什么样的人，还是让事实来说话，让时间来检验吧！

二、遵循"解铃还需系铃人"的法则。方部长误解了自己，还得自己向方部长解释清楚，自己既是"系铃人"也是"解铃人"，要化干戈为玉帛，还要靠自己用心努力去做才行。

有了解决问题的原则，小韩采取了以下六个方法努力消除方部长对他的误解：

（1）极力掩盖矛盾。每当有人说起方部长和自己关系不好时，小韩总是极力否认根本没有这回事，他不想让更多的人知道方部长和自己有矛盾。小韩此举的目的是想制止事态的扩大，更利于缓和矛盾。

（2）公开场合注意尊重领导。方部长和小韩在工作中经常碰面，每次小韩都是主动和方部长打招呼，不管方部长爱理还是不理，小韩脸上总是挂着微笑。有时因工作需要和方部长同在一桌招待客人，小韩除了主动向方部长敬酒，还公开说自己是方部长一手培养起来的，自己十分感激方部长，小韩此举的目的是表白自己时刻没有忘记方部长的恩情，又怎是忘恩负义之人？

（3）背地场合注重褒扬领导。小韩深知当面说别人好不如背地褒扬别人效果好。于是，小韩经常在背地里对别人说起方部长对自己的知遇之恩，自己又是如何如何感激方部长。当然，这些都是小韩的心里话。如果有人背地里说方部长的坏话，小韩知道后则尽力为方部长辩护。小韩此举的目的是想通过别人的嘴替自己表白真心，假若方部长知道了小韩背地里褒扬自己，肯定会高兴的，这样更利于误解的消除。

（4）紧急情况"救驾"。平时工作中，小韩若知方部长遇到紧急情况，总是挺身而出及时前去"救驾"。如有一次节日贴标语，方部长一时找不着人，小韩知道后，主动承担了贴标语任务。类似事情，小韩一直是积极去做。小韩此举的目的是想重新博得方部长的好感，让方部长觉得小韩没有忘记他，仍是他的部下，有利于方部长心理平衡，消除误解。

（5）找准机会解释前嫌。待方部长对自己慢慢有了好感以后，小韩利用同方部长一同出差外地开会的机会，与方部长很好地进行了交流。方部长最终还是被小韩的诚心打动，说出了对小韩的看法以及误解小韩的原因——"雨中打伞"的事。小韩闻听再三解释当时自己真的没看见方部长，希望方部长不要责怪他。方部长也表示不计前嫌，要和小韩的关系和好如初。小韩此举的目的是利用单独相处机会弄清被误解的原因，同时让方部长在特定场合里更乐意接受自己的解释。

（6）经常加强感情交流。方部长对小韩的误解烟消云散之后，小韩不敢掉以轻心，而是趁热打铁，经常找理由与方部长进行感情交流。或向方部长讨教写作经验，或到方部长家和他下棋打牌。久而久之，方部长更加喜欢这个昔日部下了。小韩此举的目的是通过经常性在感情交流增进与老领导之间的友谊。

　　功夫不负有心人。在小韩的不懈努力下，方部长对小韩的误解彻底没有了，反倒觉得以前说的话有点对不住小韩。从那以后，方部长逢人就夸小韩好样的，两人的感情与日俱增。

INTERPERSONAL

PSYCHOLOGY

第八章

防微杜渐，应对危险

场面心理学

除了防守，还要学会反击

人们都想保护自己，不愿被人伤害，而且警惕性很高。只要有一句话或一件很小的事使他感到难受，他就会觉得自己受了伤害。一旦感到了伤害，就会进行反击。轻者以牙还牙，重者则会变本加厉。所以，若不想让别人伤害你，最好不要去伤害别人。

人是具有攻击性的，攻击别人的弱点、缺点，同时因为自己说穿了别人的弱点，而有一种强于别人的感觉，结果另一方感到被伤害了，可能立即进行回击。即使他可能当时不作表示，但一有机会，就会以毒攻毒，这伤害和被伤害形成恶性循环。生活在这种互相伤害的氛围里，心情是不会轻松愉快的。

怎样避免无意地伤害别人呢？要设身处地地为别人着想。在对待别人时，想一想如果别人也这么对待你，该是什么感觉。你不高兴听到的话，对方肯定也不高兴听。如果你能这么想一想，就不会无意地伤害别人。

如果你没惹他，他伤害了你，最好也要冷静地分析一下。如果是有目的地伤害，可以通过适当的方式进行还击，如果对方是无意的，最好与其平心静气地谈谈，提醒他不要再这样做。

在利益面前，有人为了多得一点，会起邪念，使你受到伤害。这种有意识有目的的伤害，一般不会是蓄谋已久的，只是由于有利可图才想到伤害你，当然那种蓄谋已久的伤害，你是防不胜防的。

我们所说的那种有意但是临时想起的伤害，一般还是有办法对付的。在与人合作中，为了避免受到伤害，就要多疑，多问几个为什么。对方稍有变化时，就要多加注意，不给他可乘之机。做事时要慎重，不要做不合适的事。如果做了让人抓住把柄的事，人家伤害你。就没有力量反击了。

人具有两面性，既有善良的一面，也有攻击他人的一面。在没有利益冲突时，人会和蔼可亲，一旦发生利益冲突时，人的攻击性会暴露出来。

人一旦被人攻击就会反唇相讥。尤其是有第三者在场时，被攻击的一方无论多么理亏，无理也强争。而在人多的场合，若攻击他人，会有更多的人看到你的本来面目，从而憎恨你转而同情另一方。同情弱者是人的本能，不管被你攻击的人是否有理，只要他被你无情地攻击，别人就会盲目支持他。这时，你就由主动而转为被动。

所以，当你攻击他人的缺点和无理行为时，要选择在场人最少的时候进行，如果只有对方一人会更好。因为没有人给他帮腔，他会感到孤立无援，也就容易接受批评。而且没有第三者在场，对方承认理亏也不丢面子。如果自己做了理亏的事，为避免对方无情的攻击，在对方邀你见面，而你不得不见时，不妨多叫几个人同去，对方看人多，即使攻击，也不会轻而易举地取胜。

我们可以明确地意识到，在人生旅途上，即使你自己谨慎小心，奋发图强，行得正站得直仍旧不能避免厄运的降临。这厄运有主观的也有客观的因素。而尤其令人防不胜防的则是那些谗言与阴谋，正所谓"明枪易躲，暗箭难防"。由此，我们不得不学会一套人生的防守术。这样才能使我们在目前的顺航状态下放眼未来，环顾四周，明察秋毫，防患于未然。

"知己知彼，百战不殆。不知己只知彼，一胜一负；不知彼不知己，每战必殆。"这句话用到人际交往中再恰当不过了。生活在现代化的社会中，人对自身的了解以及对他人的了解是十分必需的。只有了解自己，才能确定自我，只有了解他人，才能确定他人；只有在了解的基础上沟通，交往才有进一步发展的可能，才能进一步洞察交往的性质，以便确定这交往是该继续还是该停止，是该小心防范还是应该敞开心扉。

在人际交往中，一个人对他人的态度与行为，总是以对自己的认识、评价及自己与对方的关系的意识为基础的。因此，要有效地人际交往，就要正确地认识自我、评价自我、呈现自我。

自我认识，是人的意识发展的最高阶段，是人在社会实践中，对自己的生理、心理、社会活动及自己与他人关系的认识。根据自我认识的对象，可把自我认识的结构划分成物质自我认知、社会自我认知、精神自我认知三部分。

物质的自我认知是指对自己的容貌、身材、风度、健康等物质体的认知，又称生理自我认知。社会自我认知，则是指自己在社会活动中的地位、名誉、财产及他人的相互关系的认识，是个体对群体渐渐关注的反映。比如：我是个出色的人吗？我的才干和品德得到了主管和他人的公认和重视了吗？我是否为别人所喜爱和欢迎？我属于哪个阶层，具有哪些权利和义务呢？诸如此类不一而足。人生活在社会中，都希望得到他人尤其是个体所重视的他人或群体的关注和尊重，希望享受社会的权利，发挥自己的作用，获得一定的荣誉、地位。这种社会性的需要，促使人们对自己已获得群体所关注的程度进行认知，形成反映自身社会需要的自我意识。精神的自我认知是个体对自己的智慧能力、道德标准等内在精神素质的认识。可以说，精神自我是个体自我认识的核心，它促使个体根据主客体的需要，调节控制自己的心理和行为，修正自己的经验和观念。

了解了自己之后，紧接着的一步便是了解他人。只有了解了他人，才能把握对方的人格之高下、品质之优劣、行为之策略，做到针对性强，并表现为坦诚相待或者持有戒心，从而能防患于未然。然而，认知他人也是不容易的，这是一个复杂的心理过程，通常需要根据三个主要的信息来源：①认知者与被认知者互动的情境，被认知者所具有的角色；②被认知者的外貌、言行、姿态等；③观察者本身的成见以及概念系统的简单与复杂程度也对认知产生巨大影响。因此，要正确了解，判断一个人，不能只凭一行一言一事的表现，而是要透过现象看本质，特别是要把握他在失去主管监督及道德舆论约束时的言语表现，注意他对那些身处逆境或地位低下的人的态度。在具体的人际交往中，会有各种不同的情况出现，需要具体对待。要想很好地了解他人，那是必须要在错综复杂的人际交往中具体实践的。

知己知彼是人际交往顺利开展的前提条件。只有在这个基础上，才能做到眼光敏锐，富有前瞻性，才能面对小人的暗害不轻易上当，不立即暴跳如雷，不惧怕，不消极，而是采取相应的恰当的对策，或迎头痛击，或暂避锋芒，或置之一笑不理不睬，或不依不饶对簿公堂，或以其人之道还治其人之身。

在现代快速的生活节奏中，我们不可能用日久天长去考察衡量一个人然后再决定与他的交往方针，而是需要我们用敏锐的眼光尽快判断制定方针以速战速决。据外国资料介绍，在上门进行推销的推销员中，有许多可以被称为"奸商"。他们在推销商品时，首先往往是和主妇们聊天，聊到推销这个行业时，便假装出一副愤愤不平的样子，怒斥本行"败类"并热心告诉主妇们，有许多推销员在推销伪劣商品，说什么他们为了赚钱什么都肯干，蒙混拐骗，完全不顾顾客们的利益，并提醒主妇们要小心。实际上，这只不过是"奸商"的一种推销方式。

因此，在与人的交往过程中，我们必须明确是非好歹，而不应轻易相信别人。听风便是雨，缺少自己的主见，把别人的话奉为圣旨，不是造成误会，与人发生纠纷，受骗上当，就是盲目行动，把事情弄得一塌糊涂。

面对上述这一切，我们不能不居安思危，为自己准备几招防挤压术。同时，我们还不应满足于安全，还应主动出击，投入社会中去，展示自己的魅力，在生活中大显身手。

首先，要有预见性，先发制人。只要我们能够确认自己了解自身也了解他人，那么我们在观察他人观察社会时就会有敏锐的眼光，对小人的行为早有防备并预先设下计谋。比如《三国演义》中，诸葛亮早就看出魏延有反叛之心，然而诸葛亮在世时，魏延不敢反。于是，诸葛亮授一锦囊妙计给马岱，在诸葛亮死后魏延反叛时，马岱依计行事杀掉了魏延。诸葛亮的预见性避免了重大的损失。我们在洞察敌人阴谋后，还要善于虚与委蛇，以假对假，借刀杀人，在"群英会蒋干中计"里：蒋干为刺探情况而来，周瑜故作不知，大醉与蒋同寝，又让蒋干偷了假情报有机会溜走，借曹操之刀杀了曹操的两个水军都督。周瑜巧妙地与蒋干周旋，以其人之道还治其人之身，孰高孰下，不难区分。

所谓"射人先射马，攻人先攻心"。我们在人际交往中，只要把握准了这一点，就基本可以说是无坚不摧。诚然，忠实不欺是交往之准则，但是有些时候善意的谎言和圈套也能帮助别人从忧郁中摆脱出来，找准自己的定位点，重新扬帆起航。

总之，人际交往是一个复杂的问题，不是简简单单几句话就能说得清楚的。不幸总是突如其来，让人防不胜防，这不幸有主观的，也有客观的因素。因此，我们每个人都必须做到居安思危，在一帆风顺的时候，小心背后的暗箭，充分估计困难的重大性。既要防患于未然，又要通晓主动出击。只有熟练掌握攻守技巧，才能在社会中"如鱼得水。"你要充分了解自己，了解他人，明察秋毫，确立自己的独立人格，不卑不亢，不屈服，不妥协，不骄傲不自满，穿越重重障碍，稳步前进。

面对正确的批评，要坦然接受

当你被一只恶犬在后面穷追时，你将怎样做呢？你怕它，拔腿就跑吗？不行，你越是跑得快，他越是追得紧，说不定等它真的追到了你，便张开血盆大嘴，狠狠地咬你一口，咬得你皮破血流，再也跑不动为止。

在这种场合，究竟应该怎么办呢？有些经验的人一定知道：立刻站住，转过身去，面向着狗。这时，那个势利的畜生也会立刻停住不追，在不远处瞅着你，说不定还会对你摇摇尾巴，伸伸舌头，表示它是认错了人，对你并没有恶意。

别人的批评就像那只狗一样，他们开始向你攻击后，便立刻留心你是否心虚胆小而想逃避。如果你不留神，暴露了这些弱点，他们就会觉得你的罪状是千真万确、毫无回转余地的，同时他们的穷追疾赶，也就无所顾忌、变本加厉起来。但是，如果你应用了第二个对付狗的方法，受了批评，立刻转身相向，你没有过错，他们便会销声匿迹。即使你确有过错，这样做，也可以表示你承认错误，而且准备立即改正。

坎普是美国早期的政界名人，当他首次在众议院发表演说时，因为刚从伊利诺伊州赶来，衣冠打扮未免有些土里土气。现场听众中有一个言词犀利、善于幽默讥讽的议员，在他演说中途，插口说道："这位从伊利诺伊来的新客人，衣袋里一定还藏着满满的雀麦哩！"几句话说得在场的听众全都大笑起来。假使换了别人，一定会感到万分难堪，以致面红耳赤，甚至还会恼羞成怒了。但坎普先生怎么回应呢？

他深知那位议员对他的讥笑并未过分，因为自己确实土得可以。所以他很坦白地回答说："没错，我不但衣袋里装满了雀麦，而且头发里还藏着许多种子哩！我们住在西部乡间的人，多半是土头土脑的，不过我们所藏的雀麦和种子，却常常能够长出很好的幼苗来。"

这短短的几句锐利的驳斥，使坎普的大名轰动了全美国，有人给他起了一个外号，叫作"伊利诺伊州的种子议员"。

坎普因为先有自知之明，所以敢对别人的批评给予侧面的反击。他毫不掩饰自己的缺陷，使人知道这种缺陷不但微不足道，有时反而还是个优点。

聪明的人有自知之明，知道自己绝不是一个十全十美的人，多少会有缺陷。因此，这些缺陷一经他人道破，便应坦白接受，绝无逃避躲闪的必要。有许多人一旦经受别人批评，便立刻面红耳赤，羞愧得手足无措，也有人被人指出了错处，却视若无睹，既不承认也不加反驳，一点也不在意。这两种习惯是我们应该积极改变的。人家道破了我们的缺点，正是给我们一个当场纠正的最好机会。假使许多人知道从前给他们的某种不好的印象，此后将不再发生了，何必一定要引以为愧，或是厚着脸皮置若罔闻呢？

轻易许诺往往不可信

不要轻易相信许诺！尤其是空口无凭的诺言更加不可信。保持平和的心态面对你所遇到的问题，正确判断诺言的可信度，然后以不同的态度去对待。

对于在公司中，你可能会遇到这样的情况：上司答应你一件事情，可能是提升，可能是加薪，也可能是给你什么别的好处。但是经过一番努力争取之后，你得到也许只是借口或者沉默。

轻诺必寡信，许多人很容易就许下诺言，但很难看到他实现诺言。坦白地说，你的利益与公司所关注的利益相比，简直比九头牛身上的一根毫毛还要轻。也许上司的许诺是真实的，你提醒一下他，他会实现诺言，使之兑现。但是，如果上司在许下诺言的时候。就明摆着想逃避兑现，躲避麻烦，你也毫无办法。即使你感到非常气愤，认为自己不够受重视，顿时血压上升，可这都无济于事。因为你根本就不敢提醒上司，让他实现诺言。你甚至怀疑起了自己的记忆力：上司确实说过，他会向董事会推荐我的建议。没错，他肯定说过。但他为什么不兑现呢？是他太老了，记忆力不好呢？还是他根本就不在意我，不在意我的贡献？

面对着这些毫无诚意的，被遗忘的诺言，你该怎么做呢？你又该如何保持你的自信，维护你的自尊呢？

先设想一下，当前的局面只是一个误会的结果，力图使自己保持平静切记；指责上司背信毁约不但会使你当时无地自容，而且还会扼杀你以后工作仕途上的机会。接着搞清楚上司的位置，搞清楚你自己所处的位置。

（1）削减全神贯注或心不在焉的可能性。

装作很若无其事的样子，跟上司聊聊天，向他问一些问题，借此流露出你的意图，含蓄地表达你的意思。这不但可以放松你紧张的心情，而且可以避免你的尴尬。

（2）尊重事实。

设想毕竟只是设想，它不是事实，把真相和你推断的东西划清界限，和上司进行一次交谈。面对面的交谈会使你们相互明白对方的意图，来消除你的误会，推翻你的错误假定和设想。

（3）综合一下你们的观点。

双方都说明白以后，综合一下你们的观点，提一些诸如上司兑现诺言可以使你们双方盈利的建议。

在这种情况下，保持心态的平和是最重要的。要聪明地利用和上司一起工作、谈话的机会，挖出你想知道的东西。如果你一味地任人宰割，那你只是一个懦夫。但如果你能够面对现实，机智、平心静气的解决问题，那么你就是一个优胜者。

理智面对第二者插足

对于一个比你优秀或者比你先得到机遇的人，你会以怎样的态度对待呢？是怨天尤人还是理智地选择一种方式正确对待？态度很重要。

或者本应该被提升的是你，但是别人抢了你的饭碗。你感到被骗了，受了伤害，感到失望，迷惘，甚至感到不安全。你的行政管理能力是众人皆知的，你所做的事情，你所实现的目标总与计划相符合。但是，为什么公司会另调一个人过来，顶替你即将离休的上司的位置，而不是提拔你呢？你为什么没有被提升呢？

或许董事会需要的不仅仅是一个负有名望声誉的被任命者，而且需要有强大的公共关系和社会背景，或许这个被任命者有巨大的政治影响力。但是从另一方面看，也许是你个人的问题——你缺乏一种特殊的技能或是天分。

举个例子，你可能是一个优秀的在职经理。但是历次商机表明：你的创新性很薄弱，进攻性不强，优柔寡断，没有气魄。如果你只是因循守旧地跟着公司的路子走，没有任何疑问，也没有任何的建议，那么没人会知道你的关于公司发展的观点。做一个真实的心理测试。看看你是不是上述的畏首畏尾，无创新精神的人。然后去问问你的上司，你为什么会被淘这掉。再依据他的话，采取行动，建立一个好的形象。

要想得到自己理想的职位，必定要有好的业绩；要想有好的业绩，就必须时刻地看清形势，明白你到底需要做什么。先研究一下公司的发展方向，潜心拿出公司继续发展壮大的方案。然后创造机会，让上司知道你的想法，清楚你的创意。

你不妨这么做：

（1）为推行公司新的战略重点设计一套方案并试推行。

明智的公司领导者最赏识的就是那些敢作敢为，有魄力的人。就从公司的战略重点开始，阅读大量资料，只要是与你设计方案有关的，你都得读：报告、新闻、记者文摘以及电视、广播上的有深度的商业讨论，如果能有幸听到重要人士谈到公司的发展趋势和模式，你最好还要做做笔记，如果有可能的话，进修一些课程或是参加一些学术研讨会，以补补自己的薄弱环节，给自己充充电。然后，制定出一套方案，并在自己管辖的区域内，划定区域试推行你的方案。

（2）敢于打破模式。

这里说的"模式"是你推销自己及推销方案的"模式"。首先得和那些通常都是循规蹈矩的人划清界限，然后巧妙地宣传你的成功。要把你的成功和大场合、大世面接合在一起，当然，你也得谦虚地介绍一下你的成功经验。如果有人想把你的计划用于他所管辖的部分，你不妨提提建议，不过，你也得有所准备，谨防一些刁难问题的出现。

（3）进一步与上司取得联系并签约。

在你个人原则的框架里工作，并和老板商议探讨联盟的好坏。

不要把被淘汰当成一个终结，灰心丧气，而要把它看作一个起点。如果你没有得到那个你认为可以胜任的工作，那么，现在是时候让别人知道你有多棒了。如果你始终保持沉默，没人知道你在想什么。谈谈你对于公司发展的看法，你的工作不是简单的服从命令，为公司、为产品创造一个好的声援环境，告诉上司你需要下一个提升机会。还得让上司知道，你愿意为此付出艰辛的劳动。

名誉是一个人的第二生命

有人的地方就会有流言，学会处理它们是取得成功的重要一课。

的确，在我们这个世界上，始终有很多人喜欢传播一些可疑的谣言，而谣言就像夏日里的冰块一样，很容易就融化开来。在一个复杂而忙碌的工作组织中，流言蜚语，小道消息是少不了的。如果一个人刚到一个新单位上了好多天班，却连一个传言都没听到，大概他就实在该好好反省一下自己的人际交往能力了。因为大家都提防着他，把他当局外人，自然就什么都不会让他知道了。

"说闲话的人"通俗地来讲，是指一种"到处闹扯，传播一些无聊的特别是涉及他人的隐私和谎言的人"。换句话说，就是背后对他人评头论足的人。虽说古人早有"谣言止于智者"的忠告，但智者毕竟很少，谣言总是会被传来传去。每个人忙忙碌碌地在一个组织里工作，固然是为了公事，然而一起工作总要说话，说话也不可能光说正事，难免会讲些题外话。其中有些闲谈不仅很有趣，而且人们在背后谈的也是有关同事的好处。然而有些却纯粹是伤害他人的闲话，不论有意还是无意，这种闲话都是不可宽恕的。故意的是卑鄙，无意的是草率。何况有时"言者无心，听者有意"，经过许多人丰富的想象，也许在一番穿凿附会、改头换面之后，谣言就产生了，再加上"说闲话者"捕风捉影、添油加醋之后，更使谣言的传播速度加快，远远超过做事的速度。

传播伤害他人的流言，有时是出于嫉妒、恶意，有时是为了借揭示别人不知道的秘密来抬高自己的身价，这些都是极令人厌恶的事情。可是各个组织里也的确有许多可以讨论的话题。我们不可能也没有必要做到绝口不提不在场的人，只是一旦发现自己想要说些不利于他人的话时，就应该立刻闭嘴了。要知道，"己所不欲，勿施于人。"恐怕人人都能如此，才有望截堵流言。

"名誉是一个人的第二生命"，没有了名誉，以后就无法正正当当地待人处事。被流言蜚语影响，乃至毁掉了名誉的人自然悲愤、痛苦，而那些以害人损失好名声为乐，经常传播流言谣言的人，在他毁人名誉的同时，也毁了自己的名誉，却还不自知。领导和同事也许还会听他津津乐道地说别人的短长，可是也许内心深处早已充满了轻视的鄙夷，久而久之，就再也没有人轻易相信他说的话了，哪怕那是真话，这又何尝不是自毁前程、得不偿失？这些仁兄们最喜好的是玩"阴"的，他们从不拿工作或业绩表现来正面交锋，也没什么真枪实弹，真材实料，而是运用各种漫骂、造谣使对方为流言所伤，这正是"暗箭伤人"的最好写照。

有人用这样几句话来描述组织中流言的性质："言者捕风捉影信口开河；传者人云亦云，添油加醋；闻者半信半疑，真伪难辨；被害者莫名其妙，有口难辩。"真是形象逼真之极。也唯有组织中的全体成员互相信任与合作，人人做"智者"，才能破解这种恶性循环。

当然，并非所有的谣言都是罪大恶极，"马路消息"和"小道新闻"也是组织中相互间沟通的一种形式。除了可以冲淡工作里的沉闷和无趣，也可以制造一些可供讨论的话题，更可能是领导者运用的一种手段。有的领导者有时将还未决定的人事案或计划案传达出去，是为了通过"放风声""探风向"了解各种反应。若反应好，则顺水推舟，实施此案；若反应不佳，则只当是传言，终究无法成为事实。从这个角度来看，此种传言仿佛是组织内的民意调查，领导者多少能获得一些信息。

另外，传言有时也是一种预防性的警告，当一个人被各种传言缠身时，定会有所警觉，从而调整自己做人做事的风格，以减少别人对其的议论。更何况工作中确实有些情况是不便直截了当地去责备当事人的，否则难免会惹得"逆反效应"和不愉快，这样适当地利用一下"传言"也是未尝不可的。

但无论如何，任何人听到关于自己的流言，心中都会极为愤慨，有些人甚至会径直去找"好事者"大吵一架而后快。可这样处理的结果却通常是两败俱伤，沸沸扬扬。可见，当流言缠身时，如何去面对它，可真是一门精深的学问。

面对流言蜚语，首先不宜暴怒，而应开心才是，要知道恰如"已知的恶魔总比那未知的恶魔好对付一样"。已知的谣言也总比那些未知的谣言好对付，这至少证明你还很有重量，很有制造谣言的价值。被"抬举"成议论的中心还能颇有嚼头，试想一个早已退休在家，长年卧病在床，与世无争的老女工，又怎么会成为流言的主人公呢？

化解流言蜚语，说难也难，可说易又很容易。做人若行得正，又何惧影子歪？只要操守无可争议，没有伦理上的失足。腐败、颓废，没有私生活的出轨，被造谣的机会必然会大大减少；做事若谨慎认真，处处紧扣规矩方圆，没有任何闪失和漏洞，又何惧谣言？

现代社会中的现代组织，人与事变得越来越错综复杂、微妙神秘，要想完全脱身，置身于一切流言之外是不可能的，几乎很少有人能一生都不曾被人造谣中伤过，但我们必须相信：别人的嘴巴是长在别人的脸上的，不可能管得了；但自己的耳朵却是长在我们自己身上，完全有可能让它去少听少传；更重要的是，手脚是在自己身上的，自己勤快些做事，以行动成果来对抗流言蜚语是最有效的。

面对尴尬的场面

每个人都希望在社交中从容不迫，洒脱大度，但是在现实生活中我们会经常遇到一些尴尬的场面，自己感到不自在，别人也不自在，结果气氛凝滞，不会留下好的印象。交往的时间和地点不适合，如别人在午睡或吃饭时你上门拜访，对方就可能会尴尬，你也会感到不自在，因为看别人吃饭很不自然。交往的对象不熟悉，尤其是从未见面的陌生人，也常有尴尬之感。如聊天时无意说到了别人的忌讳，或者不巧讲了使别人难堪的话，或者喜欢说大话的人被别人戳穿了，难以收场，这些场合也是尴尬的。在交往中出了意外，如你有某事瞒着对方，以为他不知道，实际对方已经了解了情况，这时你编造了谎言，被对方当面揭穿了，就会很尴尬。没有充分的心理准备，遇到一些想不到的情况，也可能非常尴尬，比如到朋友家吃饭，原以为去的是朋友，结果发现有很多陌生人。这时未免尴尬。

发现自己尴尬或对方尴尬时，要运用适当的方法、技巧，将尴尬化解掉。这里提供借鉴的方法主要有以下几种：

（1）不动声色。尴尬常常是自己造成的，自己的尴尬引起别人的注意，造成了紧张的气氛，从而进一步加深了自己的尴尬。对付这种尴尬局面的办法就是不动声色，坦然处之。上朋友家吃饭，发现座上都是陌生人，你就当作熟人好了。

（2）当你有事隐瞒对方，被他发现了，这时向他如实说明，一般来说，误会很容易通过坦诚的沟通得以消除，你的苦衷，也会得到他的体谅。

（3）转移目标。当别人向你提起你不愿意回答的问题时，不妨把话题岔开，对方一般会知趣的，有时自己说漏了嘴，也要赶快另起话题，为双方提供避免尴尬的台阶。

（4）佯装不知。别人如果话中带刺，你假装不知，既可以避免自己的尴尬，又显示了宽宏大度，这时对方被你的人格魅力所感，也会有积极的反应。

（5）以守为攻。比如有些不想为人所知的事，意外地被人指了出来，这时干脆承认，别人一般也就讲不下去了。

尴尬是一种情绪反应，只要想办法使自己的心理和情绪稳定下来，交往中对付尴尬就容易多了。

如何在逆境中保全自己

古语云：木秀于林，风必摧之；堆出于岸，流必湍之；行高于人，众必非之。俗话说：人怕出名猪怕壮。猪养壮了，必定是一刀的结局；人出名了，必会招人嫉妒，是惹祸的根由。所以，善于处世的人应该懂得在名利俩字上瞻前而顾后，适可而止，有所节制。

所以说，我们在逆境中要善于保全自己。怎样才能有效地保全自己呢？下面是一些参考：

（1）善用"拟态"和"保护色"。

由于有"拟态"和"保护色"，大自然的各种生物才能代代繁衍，维持起码的生存空间。而一般来说，会拟态的生物往往兼具有保护色，因此又会拟态又有保护色的，生存条件较只有保护色的要好。

在人的世界里，也有"拟态"和"保护色"的行为，最具体的例子便是间谍，从事这种工作的人要隐藏自己的身份，并且要避免被人识破，他们所使用的"拟态"和"保护色"就是在角色扮演上尽量和周围人接近，让人分不出他是"外来者"。所以间谍要执行任务时，都要先模拟当地的生活，穿当地的衣服，说当地人的话，吃当地的食物，研究当地的历史、民俗，为的是把自己"变成"那里的人，以免被人辨识出来。这是人类对"拟态"和"保护色"的运用。

你不是间谍，也不太可能有机会当间谍，可是在人性丛林里，你有必要对"拟态"和"保护色"有所了解，并且学会运用。尤其当你和周围环境相比，呈现明显的"弱势"时，更应该好好运用这两种大自然赋予生物的本能。例如，初到一个新单位，应尽量入乡随俗，认同这个单位的文化，随着这个单位的脉搏呼吸，也就是说，遵守这个单位的"规矩"和价值观念。这是寻找"保护色"，避免自己成为与周围环境格格不入的鲜明目标，否则会造成别人对你的排挤。如果你特立独行，自以为是，那么苦日子必定跟着你。当你的颜色和周围环境取得协调后，你也已成为这个环境中的一分子，而达到"拟态"的效果。到了这个地步，起码的生存环境就已经营造完成，也就不致发生问题了。

"拟态"的特色之一是静止不动。有保护色，又静止不动，那么谁也奈何不了你。因此在人性丛林里，你为了避免不必要的灾祸，必须严守"静止不动"的原则，也就是说，不乱发议论，不显露你的企图，不结党结派，好让人对你"视而不见"，那么就可以把危险降到最低程度。

"拟态"和"保护色"的本能是生物演进的结果，"弱者"有，"强者"也有。"弱者"是为了自身安全，"强者"是为了不让"弱者"发觉。大自然的奇妙，其实也一样存在于人性丛林之中，好好体会。

（2）有时不妨搞一点体面的"小骗局"。

英国人文主义者阿谢姆说："在适当的地方说适当的谎言，比伤害人的真话要好得多。"可见，说谎也是人类生活中不可避免的现象，是一种自我保护的生存计策。

适当的谎言可以体现为以下三种表现方式：

其一，以虚掩实。

在适当的时候，可以用善意的谎言去掩盖真实。当然，这里所说的"虚"和"实"都是相对而言的。为了谋得一份理想的职业，在推销自己的过程中，可以利用自身的优势去求职。在表现你的优势时，有不同的表现方式，善意的谎言就是表现方式之一。

一位中文系硕士为了能在外贸部门谋得一份职业，说自己是外语系毕业的硕士生。当然，他的外语水平的确不错，通过五关，斩了六将，他得到了这份工作。他是外语系毕业是虚，中文系毕业才是实，可他的外语水平很高，又是实。如果他告诉主考人说自己是中文系毕业的实话，那么在众多的求职者中，尽管他的水平出类拔萃，恐怕连第一关也过不了。但不管怎么说竞争还是凭实力的，为了让你的实力被人承认和欣赏，是可以用一些适当的谎言的。

其二，以实掩虚。

有时需要用部分真实来掩盖谎言，使说出去的谎言能够掩盖虚假之处，给人一种十分真实的感觉。

比如，身材矮小的人易给人一种真实感，因为身材矮小是对方当场就能看到的事实，这是一种真实，通常容易使别人产生错觉，觉得他所说的话也是真实的。有一个小个子年轻人就喜欢说："我们矮人不说大话。"实际上他是用身体矮小的真实掩盖说话中的虚假之处。

其三，虚实相间。

我们常听有人抱怨别人或自己的朋友说，不知他说的话哪句是真，哪句是假。其实，在日常生活和工作中，人们说话时总是虚虚实实，真真假假，虚实相间，真假各半的。有些真话不必太在意，有些假话也不必追究，弄清楚主要的和次要的，把握住大局，事业才能稳步发展。

不要忘了，"谎言"的运用永远是有限度的，就是要能在适当的时候，适当的地方运用，又要有适当的手段。

（3）遇强示弱，遇弱示强。

丛林里的生态圈似乎是天定的，强与弱，谁都不可能去改变。但人类社会却不同，人类固然也有先天的强与弱以及后天的强与弱，但因为人类有智慧，可以通过学习及经验的积累，在人性丛林里巧妙地获得生存的机会，并进而为自己争取利益。

有一个法则是值得在人性丛林里进出行走时参考的。那就是：遇强则示弱，遇弱则示强。人不太容易去改变自己条件的强或弱，但可以用示强或示弱的方式，为自己争取有利的位置。

"遇强则示弱"的意思是：如果你碰到的是个有实力的强者，而且他的实力明显高于你，那么你不必为了面子或意气而与他争强，因为一旦硬碰硬，固然也有可能摧折对方，但毁了自己的可能性更高。因此不妨示弱，好化解对方的戒心。以强欺弱，胜之不武，大部分的强者是不做的。但也有一些具有侵略性格的"强者"有欺负"弱者"的习惯，因此示弱也有让对方摸不清你的虚实，降低对方攻击的有效性的作用，一旦他攻击失效，他便有可能收手，而你便获得了生存的空间，并反转两者态势。至于要不要反击，你要慎重考虑，因为反击时你也会有损伤，这个利害是要加以评估的。何况还不一定能击败对方。"生存"才是主要目的。

"遇弱则示强"的意思是：如果你碰到的是实力比你弱的对手，那么就要显露你比他"强"的一面，这并不是为了让他来顺从你，或满足自己的虚荣心或优越感，而是弱者普遍有一种心态，不甘愿一直做弱者，因此他会在周围寻找对手，好证明他也是一个"强者"，你若在弱者面前也示弱，正好引来对方的杀机，徒增不必要的麻烦与损失。示强则可使弱者望而生畏，知难而退。所以，这里的示强是防卫性的，而不是侵略性的，因为侵略也必为你带来损失，若判断错误，碰上一个"遇强示强"的对手，那你不是很惨吗？

人性丛里没有绝对的强与弱，只有相对的强与弱，也没有永远的平衡。国与国之间不易做到此点，但人与人之间不难做到，不论你是弱者还是强者，"遇强示弱，遇弱示强"，只是其中一种方法罢了。

INTERPERSONAL
PSYCHOLOGY

第九章

随机应变，智者自我
保全心理学

只有水涨才能船高

古人有"听君一席话，胜读十年书"之说，善于听的人可以通过听别人的议论，拓宽视野，增加知识，获取经验，增长见识，丰富阅历，这是自我完善的有效途径。

俗话说"三个臭皮匠，顶个诸葛亮"便是这个道理，要集思广益，广泛地听取别人的议论，对于自身是大有裨益的。

听要善听，不能乱听，听了还要想。如果听了便当耳旁风，这样的听无异于竹篮打水。如果听了都牢牢记住，不加区分，不加择别，听一句记一句，则又会使自己的思路出现十字叉口，最后，众说纷纭，莫衷一是。

处理比较复杂棘手的问题时，一定要深思熟虑，但一个人的思路毕竟有限，不妨听听来自各方面的意见，看看别人是怎样考虑的，权衡利弊，综合判断，得出结论。

博采众议最大的好处在于笼络人心。善于倾听别人的议论，会使别人心中感到受到了重视，尤其在处理某些复杂难办的事情时，博采众议会产生意想不到的效果。

意见多为两类，一类是有关计划或方案策略的计谋和意见。对这类意见，既要虚心听取，又不可偏听偏信。因众说纷纭，有是有非，有好有坏，就要善于区分，不可盲从。另一类则是指正工作得失、正误的批评性意见。俗话说："忠言逆耳。"对于这类意见，态度尤应谨慎。当然，无论是谁都不愿让人指责缺点。但是，批评无论对与错，恰当与否，都应欣然接受，做到虚怀若谷，胸襟坦荡。

秦灭之后，刘邦、项羽争霸，项羽被逼得乌江畔横剑自刎。究其败因和刘邦取胜之道，不能不承认，刘邦用人之术高项羽一筹。刘邦善于听取部下意见，能够虚心接受，正确采纳。当时，刘邦手下有萧何、张良、韩信辅佐。刘邦善于用人，广泛听取手下谋臣武将的意见，集中大家的智慧，帮自己排除异己，一统天下。

而项羽则不会用人。其手下也绝非没有良才，其亚父范增老谋深算，精干老练，项羽却不能虚心接受他的意见，我行我素，固执己见，终至四面楚歌，功亏一篑。

唐太宗在历史上是有名的明君，他善纳忠言，广听进谏。晚年时，他曾问魏征："近来，朝中大臣很少有像原来那样直言不讳地进谏之人，不知是何原因？"

魏征忙答："陛下不知，直言者是知道陛下开明，敢于冒天威而直谏；那些沉默者则是各有原因。依微臣看来，有的是生性怯懦，心中有话却又不敢当面直说，有的对陛下接触不深，不知陛下的开明，唯恐多言有失，也不敢言；有的则眷恋现有荣华，担心一语不慎丢了富贵，便也不可能积极发言。凡此种种，各怀他念，故而很少有人直谏。"

魏征的话很准确地描述了作为下属的心态与顾忌。所以说，身处上位者应善作伯乐，发现千里马，以图后用。压制别人并不能抬高自己，只有水涨才能船高。

良药不一定苦口

"良药苦口利于病，忠言逆耳利于行。"但是我们为此吃足了苦头，在这个世界上我们需要说真话，但如果这种真话你说得不恰当，还不如不说的好。其实良药未必苦口，忠言未必逆耳，只要我们把话变个说法说，人人都是话的"魔术师"。

有一位先生尽管才华洋溢，并努力认真地生活，然而，由于具有直言不讳的个性，所以即便他多么努力都是白费。他好像永远都无法与他人和平共处。除了直言不讳这点，他似乎还具备成为一个杰出人物、成为一个领导者的人格特质，然而那正是构成他无法施展所长的关键，使得他的生活总是波折不断、困难颇多。他总是做那些不该做的事，说那些不该说的话，并在无意之中伤害他人的感情，这所有的一切完全抵消了他努力想取得的好结果。努力变得毫无意义，因为在他的头脑里压根就没有"把话变个方法说"的观念。他一直都在不断地得罪和冒犯他人。

我们都认识这样的人，他们以无拘无束、鲁莽直率地畅所欲言为荣。他们认为这是一种诚实的表现，是独特个性的一种象征。在他们看来，那些迂回曲折的表达方式和人际交往中常用的外交辞令，都是懦弱和虚伪的表现。他们所信奉的是"有什么就说什么"，然而，这样的人永远都不可能取得成功。尽管人们相信他们是诚实的，但是，由于不愿把话裹上一层糖衣，不善于察言观色，他们常常把事情搞得一团糟。他们不知道如何有效地影响和驾驭他人——他们在人群中总是显得那么格格不入，总是处于极度尴尬的场面。每次他们在我们面前说话，总是会触及我们的痛处，常常惹得我们火冒三丈。这样的人怎么可能成功呢？他们无法成功的原因绝不在于他们诚实与否，而是不能在人群之中自处。

我们都喜欢受到体贴入微、温柔的对待，都希望和聪颖机智的人打交道，鲁莽的个性是不受人们喜爱和欣赏的。那些以毫无顾忌地、直来直往的说话方式为荣的人，通常既不会有太多的朋友，也不会在事业上到达较高的地位，而且很多时候，会不自觉地对他人造成伤害。

因此，即使是真话还是得变个说法为妙。

德皇威廉二世派人将一艘军舰的设计图交给一位造船界的权威人士，请他评估一下。他在所附的信件上告诉对方，这是他花了许多年、耗费不少精力才研究出来的成果，希望能仔细鉴定一下。

几个星期之后，威廉二世接到了这位权威人士的报告。这份报告附有一叠十分详细的分析推论。文字报告是这么写的："陛下，非常高兴能见到一幅美妙的军舰设计图，能为它作评价是在下莫大的荣幸。可以看得出来这艘军舰威武壮观、性能超强，可说是全世界绝无仅有的海上雄狮。它的超高速度前所未有，而武器配备可说是举世无敌，配有世上射程最远的大炮、最高的桅杆；至于舰内的各种设施，将使全舰的官兵如同住进一间豪华旅馆。但这艘举世无双的超级军舰还有一个小缺点，那就是如果一下水，马上就会像只铅铸的鸭子般沉入水底。"

本来就是玩笑性质的威廉二世，看到了这个报告，不禁会意地笑了。

其实这位造船界的权威人士的意思就是这张设计图根本是张废纸。但他如果直言不讳地说"陛下，你的设计图一点也不适用，只有一个空架子"，结果会怎么样呢？你用脚指头想都知道了。

所以进入社会之后，一定要明白良药不一定苦口，即便出发点是为人们好的劝告也需要裹上一层糖衣。让别人如沐春风，你也必定拥有一个处于春天的人生。

糊涂是一种可贵的精神

我们在与人交往时有必要的还得装装糊涂，尤其是自己的上司，毕竟领导也是人，有些地方做得不对，有些事睁只眼闭只眼过去也就算了，如果你每件事都和他较真儿，那最后吃亏的可能还是你。

清代文学家、书画家郑板桥，刻有一图章，上面刻的是四个篆字，"难得糊涂"。所谓"难得糊涂"实际上是最清楚不过了。正因为他看得太明白、太清楚、太透彻，却又对个中缘由无法解释。倘若解释了，更生烦恼，于是便装起糊涂，或说寻求逃遁之术。

现实人生确实有许多事不能太认真、太较劲。特别是涉及人际关系，错综复杂，盘根错节，太认真，不是扯着胳臂，就是动了筋骨，越搞越复杂，越搅越乱乎。顺其自然，装一次糊涂，不丧失原则和人格；或为了公众为了长远，哪怕暂时忍一忍，受点委屈也值得。有时候，事情逼到了那个份上，就玩一次智慧，表面上给他个"模糊数学"，让他丈二和尚摸不着头脑，也是"难得糊涂"。评职、晋级时，某候选人向你面授机宜，讨你个"民意"，你明知道他不够格儿，可又不好当面扫他的兴，这时候你该怎么办？不哼不哈，或嘻嘻哈哈。划"O"时再较真儿，不失原则。人格哪，似乎也不失，当事人问到了，坦诚指出他不够格儿的地方，不问，顺其便。"难得糊涂"是既可免去不必要的人事纠纷，又能保持人格纯净的妙方。

"难得糊涂"作为"牢骚气"，原本就是缘由"不公平"而发的。世道不公，人事不公，待遇不公，要想铲除种种不公，又不可能，或自己无能，那就只好扬起这面"糊涂主义"的旗帜，为自己遮盖起心中的不平。所以当你直面现实，要学笑容可掬的大肚弥勒佛，"笑天下可笑之人，容天下难容之事"，那就会进入一种超然的境界。

古人云："鹰立如睡，虎行似病"，正是它们攫鸟噬人的法术。故君子要聪明不露，才华不逞，才有任重道远的力量。这大概可以形象地诠释"藏巧于拙，用晦而明"这句话的具体含义。一般说来，人性都是喜直厚而恶机巧的，而胸有大志的人，要达到自己的目的，没有机巧权变，又绝对不行，尤其是当他所处的环境并不尽如人意时，那就更要既弄机巧权变，又不能为人所厌戒，所以就有了鹰立虎行如睡似病、藏巧用晦的各种处世应变的方法。曹丕以哭胜曹植的美文是一个例子，安禄山做杨贵妃的干儿子也是一个例子。

李白有一句耐人寻味的诗，叫"大贤虎变愚不测，当年颇似寻常人"，则揭示了另一种意义上的保藏用晦的处世法。这是指在一些特殊的场合中，人要有猛虎伏林、蛟龙沉潭那样的伸屈变化之胸怀，让人难以预测，而自己则可在此期间从容行事。

元末的朱元璋在攻占了南京后，因为群雄并峙，为了避免因崭露头角而成为众矢之的，他采取了耆老朱升的建议，以"高筑墙，广积粮，缓称王"的策略赢得了各个击破的时间与力量，在众人的眼皮底下暗度陈仓，最后一并群雄当上了大明皇帝。

以上所述，都是一些典型人物的典型事例。不过，对于一般的普通人，古人也认为应该有包藏、凝重的胸怀与气度。有一句名言，曰，取象于钱，外圆内方。古钱币的圆形方孔，大家都是知道的。为人处世，就要像这钱一样，"边缘"要圆活，要能随机而变，但"内心"要守得住，有自己的目的和原则。例如，对周围的环境、人物，假如有看不惯处，不必棱角太露，过于显出自己的与众不同来，"处世不必与俗同，亦不宜与俗异，做事不必令人喜，亦不可令人憎"，即可以保全气节，也可以保护自己。

《三国演义》中有一段"曹操煮酒论英雄"的故事。当时刘备落难投靠曹操，曹操很真诚地接待了刘备。刘备住在许都，在衣带诏签名后，也防曹操谋害，就在后园种菜，亲自浇灌，以此迷惑曹操，放松对自己的注视。一日，曹操约刘备入府饮酒，谈起以龙状人，议起谁为世之英雄。刘备点遍袁术、袁绍、刘表、孙策、刘璋、张绣、张鲁、韩遂，均被曹操一一贬低。曹操指出英雄的标准——"胸怀大志，腹有良谋，有包藏宇宙之机，吞吐天地之志"。刘备问"谁人当之？"曹操说，只有刘备与他才是。刘备本以韬晦之计栖身许都，被曹操点破是英雄后，竟吓得把匙箸也丢落在地下，恰好当时大雨将至，雷声大作。刘备从容俯拾匙箸，并说"一震之威，乃至于此"。巧妙地将自己的惶乱掩饰过去，从而也避免了一场劫数。刘备在煮酒论英雄的对答中是非常聪明的。

刘备藏而不露，人前不夸张、显炫、吹牛、自大、装聋作哑不把自己算进"英雄"之列。这办法是很让人放心的。他的种菜、他的数英雄，至少在表面上收敛了自己的行为。一个人在世上，气焰是不能过于张扬的。孔子年轻的时候，曾经受教于老子。当时老子曾对他讲："良贾深藏若虚，君子盛德容貌若愚。"即善于做生意的商人，总是隐藏其宝货，不令人轻易见之；而君子之人，品德高尚，而容貌却显得愚笨。其深意是告诫人们，过分炫耀自己的能力，将欲望或精力不加节制地滥用，是毫无益处的。

中国旧时的店铺里，在店面是不陈列贵重的货物的，店主总是把它们收藏起来。只有遇到有钱又识货的人，才告诉他们好东西在里面。倘若随便将上等商品摆放在明面上，岂有贼不惦记之理。不仅是商品，人的才能也是如此。俗话说"满招损，谦受益"，才华出众而又喜欢自我炫耀的人，必然会招致别人的反感，吃大亏而不自知。所以，无论才能有多高，都要善于隐匿，即表面上看似没有，实则充满的境界。

人一生不应对什么事都斤斤计较，该糊涂时糊涂，该聪明时聪明。有句成语"吕端大事不糊涂"，说的正是小事装糊涂，不要小聪明，而在关键时刻，才表现出大智大谋。中国古代这样的大智若愚者是很多的。

宋代宰相韩琦以品性端庄著称，遵循着得饶人处且饶人的生活准则，从来不曾因为有胆量而被人称许过，可是在下面两件事上的神通广大，实在是没有第二个人。这才是"真人不露相"的注脚。对于这样的老好人谁会防范呢？他因此而得以在无声无息中做了这两件大事：

当宋英宗刚死的时候，朝臣急忙召太子进宫，太子还没到，英宗的手又动了一下，宰相曾公亮吓了一跳，急忙告诉宰相韩琦，想停下来不再去召太子进宫。韩琦拒绝说："先帝要是再活过来，就是一位太上皇。"韩琦越发催促人们召太子。从而避免了权力之争。

担任入内都知职务的任守忠这个人很奸邪，反复无常，秘密探听东西宫的情况，在皇帝和太后间进行离间。韩琦有一天出了一道空头敕书，参政欧阳修已经签了字，参政赵概感到很为难，不知怎么办才好，欧阳修说："只要写出来，韩公一定有自己的说法。"韩琦坐在政事堂，用未经中书省而直接下达的文书把任守忠传来，让他站在庭中，指责他说："你的罪过应当判死刑，现在贬官为蕲州团练副使，由蕲州安置。"韩琦拿出了空头敕书填写上，派使臣当天就把任守忠押走了。

要是换上另外的爱耍弄权术的人，任守忠会轻易就范吗？显然不会，因为他也相信一贯诚实的韩琦的说法，不会怀疑其中有诈。这样，韩琦轻易除去了蠹虫，而仍然不失忠厚。所以大智若愚实在是一种人生的最高修养，也是一种人生大谋略。大智若愚的人总有更多的成功的机会。

南朝梁国人羊侃，字祖忻，泰山梁文人。开始做北朝魏国的泰山太守，因为他的祖父羊规曾经是宋高祖的祭酒从事，所以羊侃想回到南方来。归途中，走到涟口这个地方，大摆宴席。有个客人名叫张孺才，喝醉了，在船上失了火，烧了70多艘船，烧掉金银财物不可计数。羊侃听说了，几乎不挂在心上，还是要大家继续喝酒。孺才既惭愧，又恐惧，就逃跑了。羊侃派人去安慰他，并把他找回来，仍然像从前一样对待他。后来羊侃回到南朝，做了梁武帝的军司马。

这些都是历史上有名的忍让的故事，受侮受损的一方都没有为自己的难堪和损失而大发其怒，记恨在心，相反，都表现出了宽宏大量、毫不计较的美德和风度。结果不仅没有受到更多的伤害，反而得到了大家的敬重。

不跟小人较劲儿

有一位哲人说过："没有敌人的人生太寂寞。"这位先哲真是好大的口气，试想谁希望以敌人的存在来充实自己的人生经历？其实。如果仔细想想，你的敌人是谁呢？是不是从出生开始就有敌人存在或存在的仅仅只是你的假想敌人？敌人本来并不存在，只是由于某种原因才出现。或者是原来的朋友反目成现在的敌人，也许将来还会变成朋友。不打不相识，你们为什么不能彼此间成为朋友呢？把你的敌人看作你的朋友，坚持感情的输入，坚持礼让的美丽内涵。如果你这样做了，说明你正在一点点地提高自己，开阔自己。

但是，礼让并不是无原则地一味退让，并不是对所有的事都保持沉默。不要以为这样你才有深度、有内涵，是一个襟怀博大、有容人之量的人。事实恰恰相反，如果你这么做，别人只会把你看作懦弱无能、愚笨无知的代名词，绝对不会正视你的存在。不要以为你守着"宰相肚里能撑船"的信条不放，你就能胸襟开阔，从而心宽体胖。在某些时候，你不得不去争取，去辩论，去实现自己存在的价值，去批评、反击自己认为是忍无可忍的事情，别人绝对不会说你肤浅狭隘。有些事情，如果你不去做，别人又怎么会知道？

例如，一个人的辞锋十分厉害，人人对他退避三舍，唯恐被他当众取笑一番。碰上这种人，不管你反唇相讥或沉默不语，别人只会隔岸观火，含笑欣赏这一幕闹剧。

最难缠的人物，莫如那些生性浅薄而缺乏自知之明的人，他们以攻击人家的弱点为乐事，得势不饶人，叫你丢尽面子才肯罢休。如果在你的周围刚好出现这样一个人物，他说话的声音特别嘹亮，每句话像飞刀一样直插听者的心中，令人又惊又怒，你应该如何做出适当的反应，让对方晓得你并不好欺负，而又不失自己的风度？

喜欢逞一时之快，嘲笑别人，以求达到伤害对方自尊心目的的人，都有一个通病——欺善怕恶。由于缺乏涵养，认为别人无言以对，把对方踩在脚下，自己便会升高一级，增加自我的价值，结果慢慢地便形成一种暴戾习气，对人对事一味挑剔，还自认为具有非凡的洞察力、见识过人，别人越是显出畏惧，他们越是得意洋洋，什么尖酸刻薄的话都不吐不快，毫不知道收敛。

面对这种以为自己口才很好，却是神憎鬼厌的人时，你既不要随便示弱，也无须自我降格，跟他针锋相对，你应该这样做：

（1）当他正在喷口水，心情兴奋，口若悬河地把你的弱点一一挑出来取笑时，你只需平静地定睛看着他，像一个旁观者，兴趣盎然地欣赏眼前这个小丑的每一个表情，对方便会难以再唱独角戏。

（2）当他实在太惹人讨厌，总是找你的麻烦，每句话都是针对着你时，你要尽量抑制怒气，装听不见，切勿中了对方的诡计，跟他唇枪舌剑。如果你根本不理会他，他便无法再独自下去，他的弱点会因此而暴露无遗，有目共睹，同时更显出你的涵养功夫非比寻常。

（3）在对方说得起劲，更难听的话也冲口而出的时候，你实在不必再忍受这样肤浅的人，你可以站起来礼貌地说："对不起，请继续你的演说。我先走了。"如果对方还存有一点自尊的话，他应该感到羞耻。不要以为世界上每个人都像你一样,处事有条不紊,愿意听取他人的意见,有进取心,喜欢讲道理、求和气,在适当的时候,做适当的事情。有些人是天生的"疯子",你对他的所作所为非常厌恶,但又无可奈何,你只能用"不可理喻"四字来形容他。如果他特别针对你,像一只疯狗似的到处吠你,穷追不舍,你的烦恼自然大大增加,他甚至可能做出损人不利己的行为,后果更是不堪设想。你既没有足够的精力与时间跟他周旋到底,以牙还牙,看看鹿死谁手,又不愿与这种人纠缠下去,以免降低人格。面对这种矛盾的情形,什么才是最明智的处理方法?

或者,你会说:"我不会跟这种人计较,不愿为他徒然浪费我的宝贵光阴,我想他疯够了便会停下来,永远对这个人敬而远之才是。"

你也可能会说:"我会找他出来当大家的面说清楚,请其他朋友主持公道,看看谁是谁非,我不要自己蒙上不白之冤。"其实人之所以可恶可恨,完全是他们心术不正,满脑子是害人的歪念,以致面目也变得奸险狰狞,看见受害者摊上麻烦、心绪不宁,他们便乐不可支。对付这种卑鄙小人,你不能动真气、讲道理,或妄想以情义打动他们的心。你要记着:冰冻三尺,非一日之寒。对方故意跟你过不去,除了自叹遇上恶人,你所能做的,便是对着镜子做一下深呼吸,长吁一口气,承认你交错这样一个朋友。尽管内心隐隐作痛,还是要努力控制情绪,表面上不动声色,从此对这个人不存半点希望,不让他再有机会影响自己的生活,任由他到处乱吠乱叫好了。既然他已失了常性,你又何必跟一个疯子苦苦理论?

如果你对某些不可理喻的人已经束手无策,无奈之余只得说一声"我不生气"的时候，你有没有想过要掌握一些技巧来正确地提出自己的要求呢？我想你肯定有这个愿望，那么你又该如何表达自己的意愿呢？

在公共场合里，我们时常会遇到一些不受欢迎的人物，例如：在电影院里，年轻人忘情地大叫大笑，高谈阔论；在音乐会中，邻座的观众不停地讲话，令你十分苦恼，你想出声请他们安静下来，却碍于礼貌，不愿当众指责对方破坏公共规则，只有强自忍受。这样一来，你会变得越来越内向怕事，不敢据理力争，凡事得过且过，以低调子生活。

你不要欺负人，也不可随便让别人踩到你的头上，这才是正确的人生观。一味迁就自私的人，容忍对方对自己造成的间接伤害，没有人会因你的仁慈而心存感谢，相反，懦弱无能或许是人家对你的形容。一个真正有涵养的人，面对上述情形的时候，他会有这些表现：当对方的行为实在太过分，令人忍无可忍之际，他不害怕挺身而出，告诉对方他带给他人的不良影响，由于其态度是诚恳而义正词严的，对方会感到惭愧。

如果你出言不逊，大声怒道："你这个自私自利的人，知不知道你说话的声音太大，惹人讨厌。"对方的反应必然是怒目而视，反唇相讥，不但不会合作，反而故意跟你作对，引起激烈的争执。你应该这样说："先生，请你说话小声一点好吗？"或者"请你保持安静，谢谢"。与其直斥其非，不如清楚地告诉对方你想让他怎样做，更能使他明白自己带给人家的不良影响，乐意与你合作。

培养说话技巧，在不伤害他人自尊心的情况下，还能达到你心目中的效果，何乐而不为？一个人在愤怒的时候，他的言行大多数会犯错，无论何时何地，你必须切记这一点。

牛津大学的威廉弗沙博士，是当今知名的心理学家，他说："你有什么需要，不妨大胆提出。如果对方做了些你不喜欢的事情，告诉他，若你觉得很生气，须保持冷静。"不要让他人剥夺你的权利，是保护自己权益的先决条件，怀着正确的人生观，才有实力与冲劲干一番大事业。

（4）坚持原则，厌事尊人。

交往中免不了会遇到这样的人物，他当面奉承你，转过身去却嗤之以鼻；他为了取得你的好感，事先就送上一两下掌声；为了取得你的"庇护"，他整天低声下气地围着你打转；他对你心怀不满。但当面总是笑脸，背后到处拨弄是非。这类人物，有着两张脸皮，有着双重人格，与这样的人打交道，你必然会感到艰难。

的确，有些人就是这样圆滑、世故，八面玲珑，喜爱耍弄手腕，甚至是吹牛拍马，两面三刀，有事没事就放两支冷箭。对此类行为若处理失当，很可能会使交往"触礁"。

我们都会期待比较纯洁的交往关系，而你一旦发现遇上了诸如圆滑、世故、两面三刀之类的"暗礁"，又怎么可能立即撕破脸皮，跟人断交呢？所以，仅仅对此类行为厌恶、回避是远远不够的，还需要对这类交往对象有一个比较深的了解。

一般来说，比较圆滑、世故的人，甚至包括那些吹牛拍马、两面三刀的人，都是一些善于保护自己的人。他们把自己看得比别人要重得多，所以在交往过程中穿上了重重的铠甲。其实，善于保护自己并不是什么错，问题是把交往对象全都变成了防范对象、算计对象，所采用的保护手段又违背了真诚友善、坦诚相见的道德规范，就会使自我保护变成了损害正常交往关系的行为。

我们可以厌恶这种行为，但不必厌恶行为者本人。具体说来，我们在反对不正派行为的时候，不要去伤害人家的自尊心，不要损害他们如此费心地保护着的那个"自己"。比方说，他为了赢得廉价的喝彩声才对你奉上掌声时，你不妨先冷静下来，真诚地向他申明，在需要得到人家的支持这一点上，你们是一致的，但是要想真正获得别人的支持和赞美，要靠自己的真才实学，要靠自己的辛勤劳动。在他为寻求"庇护"才围着你打转时，你也不妨帮助他认清自己的力量，鼓励他培养独立的人格，走自己的路，切不可简单地拒绝所谓肉麻的奉承。简单拒绝只会伤害对方的自尊心，加速你"触礁"的进程。鼓励他的自尊心，帮助他建立起独立的人格，帮助他完成真正的自我保护，满足他的要求，你会得到他真诚的"掌声"。

给自己留点余地

在人际交往中，我们常常会发现，有的人能够在交际圈内纵横捭阖。进退裕如，而有的人却常常处于被动，进退维谷。其中，原因可能是多方面的，但无疑与他们不善于在人际交往中留有余地有一定的关系。所谓"留有余地"，就是在人际交往中推行"弹性外交"，使自己、对方甚或双方都能获得更大的回旋空间，从而减少或避免一些不必要的摩擦或伤害。

在答应别人时，注意使用"模糊语言"，以便自己赢得主动。有的人在答应别人时，总是言之凿凿，肯定而又具体。这其实也不是坏事，如果自己对答应别人的事确有把握，确信能够如期实现，有何不可？但问题是，由于事情的发展并不总是以自己的主观意愿为转移，有时会出现一些"意外事件"，结果使自己答应对方的事无法实现，给对方以"言而无信"的印象，影响了人际关系的和谐。明白了这一点。我们在答应别人时，不妨"未雨绸缪"，使用一下"模糊语言"，以便为自己赢得主动。小张和小李是大学同学，毕业后又分在同一个县城。但由于平时各自为生计而奔波，彼此来往并不多。一天，二人在街上邂逅，小李对小张说："你我毕业都快三年了，还没在一起好好聊过。你看能否定个时间到我家来，一起聚一聚，夫人作陪！"小张一听很高兴，说："这主意不错。这样吧，国庆节前后我一定前往。"小李忙说："好，咱们不见不散！"在这里，小张答应小李时，没有提供一个具体的约会时间，而是说"国庆节前后"。是国庆节前还是国庆节后？前后又是几天？模糊而不确定！不过这样一来，小张就为自己赢得了主动。无论国庆节前几天去，还是后几天去，都不为失约。

在拒绝别人时，不妨先拖延一下，以使自己"进退有据"。有的人在面对别人的求助而自己又确实无能为力，或因事不正当自己不愿出力时，往往不作解释，一口回绝，显得生硬而不友好，常常让对方产生"不够意思、不愿帮忙"的想法。因此，我们在拒绝别人时，最好不要当面拒绝，答应考虑一下，给自己留点回旋的空间，以便使自己"进退有据"。

魏和马是大学同学，二人关系甚笃。毕业时，魏分到了某县机关，而马留校任教。一天，魏专程到学校找到马说："马老弟，我这次专程到这里来找你，是想让你在 × 日替我考一下外语。最近机关评职称要用到，就我这两下子怕是应付不了。你的外语水平我清楚，保准'马'到成功！"

马听了微微一笑，心中合计自己对当前盛行的"替考风"深恶痛绝，说什么也不能掺和进去。但如果不答应，恐怕面子上过不去。怎么办？对，给他来个缓兵之计！于是他笑着说："魏老兄，你的忙我怎么能不帮？不过，话又说回来了，我现在还不能答应你，因为我还不知道考试那天，系里对我有没有什么安排。如果我能够脱身，当乐于效力！两天后我打电话给你一个准信。"两天后，马给魏挂了个电话，说他很抱歉，正巧考试那天，系里安排校领导听他的课，不好请假，请魏多加谅解。这里，马就采用了"拖延拒绝"法，使自己赢得认真考虑寻找借口的时间，获得了可进可退的空间，既达到了拒绝的目的，又没损害双方的友谊，可谓一举两得。

在批评别人时，最好"点到为止"，以维护对方的自尊。有的人在批评别人时，不看场合，不考虑对方的心理承受能力，一味地高声大嗓，这样做往往事与愿违，伤害了别人的自尊。所以，我们在批评别人时，特别是在有多人在场时，不妨点到为止，力求含蓄地达到批评的目的。

在与人争论或争吵时，切忌使用"过头话、绝情语"，以便对方体面地下台。与人争论或争吵时，一个友好、真诚的微笑会传递给别人许多信息，它不仅表明"我喜欢你——我是作为朋友的喜欢"，而且也预示着"我想你也一定会喜欢我"。当一只小狗摇着尾巴走到你面前时，它似乎在对你说"我相信你是一个好朋友，你喜欢我"。

微笑传达的另一条重要信息是："你值得高兴。"波拿劳·欧维尔斯利特在她的著作《理解我们自己和别人的恐惧》中指出："我们对其微笑的人，也反过来朝我们微笑。在一种意义上，他是朝我们微笑。在更深的意义上，他的笑蕴含着如下的意思：我们使他能够感受突然而至的幸福。我们的微笑使他感到他值得笑，于是他也笑了。可以说我们从人群中把他分离出来了。我们对他区别对待，同时给了他一个单独的地位。"

我们中的许多人不能更经常地或更真诚地微笑的一个简单原因，是我们形成了一种习惯：我们总是压抑我们的真实感情。我们所受的教育使我们觉得，让自己的感情泄露无遗是极不光彩的事。我们试图使我们不要感情冲动或者把它流露在脸上。也许你觉得自己做不出一个"真正的微笑"，而且怎么也学不会那种富于吸引力的微笑。

但是，我的经验是每个人都曾被某个真正的微笑祝福过。这是我们每个人都曾体验过的，问题只在于怎样把它释放出来。只要你摆脱出于害怕表现出真实的情感而产生的恐惧，让感情释放出来——你也就会自然而然地微笑起来。因为当你觉得这个世界充满善意和友好的时候，你就不会"抑制"微笑。

所需要的一切是：稍加练习地表达你的感情。你会发现，练习得越多，则抑制得越少。我看到过这样一些人，他们总是脸色阴沉，面无表情，但是仅仅通过每天的释放感情的训练，他的脸上就逐渐显现出了颇富吸引力的微笑。当你感受到友好之情时，请真实地表现你自己。不要因为你脸上表现出"伙计，见到你很高兴"而感到害羞和自疚。

笑脸，是我们所喜欢看到的，也是我们能够给予的。

谈论他人，多讲他的好处

有一句话说："谈论他人，多讲他的好处。"

不过这实在有些困难，因为大部分的人对批评他人的缺点是很有兴趣的。谈论不在场的第三者时，如果你在言辞上特别注意，而且闪烁不定，反而会被误会你居心不良，什么话也不敢再对你讲。以自然的态度，巧妙地避免附和，这样才是最聪明的办法。

其实，应该尽量避免评论第三者，何况背后议论人实在有失修养。一般人一聊起来就忙不迭地说某人如何，公司主管怎么无聊等等，我们经常警告自己说"严于律己，宽以待人"。

如果能如此，很多事也不会变得那么严重。即使做评论时，也要尽量克制，别人的缺点只讲三成，点到就好。

本来，人类的优缺点是并存的，神经质的人也可以说是细心的表现；而亲切的人竟也有人用优柔寡断来批评。优缺点，在不同的情况下是有所改变的，对这件事他的处理可能是亲切，然而碰上一件需要果断处理的事，他可能就变成优柔寡断了。因此评论他人时，怎么能忽视优点，尽挑缺点讲呢？

如果有人问你："小李，我觉得小陈很傲慢，你认为呢？"如果你轻率地回答"嗯，我也有这种感觉"那可就不妙了。这种人通常容易被戏称为"应声虫"，因为对方很有可能又跑到小陈那去告诉他："小陈，小李说你这人很傲慢！"甚至还添油加醋，最后，彼此关系将变得很坏。

这种事情，在我们身边的例子很多，自古以来就有这么一句话：

"话越传越多，东西越传越少。"尤其是当对方大肆议论某一位第三者时，最好不要插嘴，因为你不了解事实真相，随声附和，于事无补，许多事情并不是你附和他几句他就能消气，或者对你感谢万分的。

当谈话时，如果出现这种话题，虽然听者很不自然，但也许朋友只是发泄而已，你不必肯定或否定地回答他，把这些当作耳边风就算了。

但有时也有例外，尤其是在女性面前，千万不要赞美其他女性。

"女性的敌人是女性"，某位心理学家这样讲。根据研究，女性通常比较敏感。有一所女子中学新来了一位年轻有朝气的男老师，因为习惯每次在讲课时暂时站在教室的某一处。结果有几次，他刚好停在某一女学生旁边，于是这位女学生以为老师对她有意思，搞到后来这位男老师要不就站在讲台上讲课，要不就不停地走，不敢随便停下来。一学期之后，这位男老师便受不了精神压力辞职了。

有些年轻的女学生爱幻想，对一件事容易一厢情愿地掉入幻境中。尤其一位羡慕已久的男老师接二连三地站在自己旁边，难免会自己织出一张网把老师和自己织进去。有时候你和女朋友逛街，你看到一位非常漂亮的女孩子走过，于是赞美地说："好漂亮的女孩子！"通常她们的反应有一半是"那么你跟她去逛街好了"。因为赞美第三者，让她觉得间接批评了自己。

INTERPERSONAL
PSYCHOLOGY

第十章

用心经营，让爱情更美好的心理学

适当地吃醋，让爱情更美好

在《红楼梦》中，林黛玉特别善于通过"吃醋"来表达对宝玉的感情，也因此不知对宝钗说过多少尖酸的话。为了证明自己的真心，宝玉煞费苦心。然而，牙牌事件之后，黛钗和解了，黛玉不再就什么"金玉良缘"使小性子，宝钗也不再逮机会嘲讽宝黛二人，天下从此太平了。面对此种情形，宝玉应该备感高兴才对，可是宝玉却表现得闷闷不乐。

这就是人性的奥秘。爱情的甜蜜有时候也来自于恋人对情敌的防备，以及必要时的主动出击。但是，"吃醋"的人应掌握好火候、时间和地点。理性的吃醋才会让对方自豪、感动、心疼和幸福，反之，就会与自己的初衷背离，成为无休止的争吵和猜忌的导火线。

丽兰给我讲了自己的故事：

有人说，激素是控制男人目光和血液的杠杆。通过看美女和用语言来打发过剩的激素，对男人来说是自然而然的事情。看到老公带着欣赏的神情说："那女孩长得真漂亮。"起初心里有点酸，可是仔细一想，欣赏美女是男人的天性，再说这也不能代表什么。所以，每当走在大街上，老公的目光随着某位美女游移，并且推推我的胳膊说："你看，那女孩身材不错吧。"我也就顺势发挥与生俱来的对美的兴趣，和他一起评头论足。

可是，有一天，老公却突然问我："老婆，我夸别的女孩漂亮你怎么都不生气呢？你是不是不爱我呀？"看到他那副认真的表情，我扑哧笑了："傻瓜，爱美之心人皆有之嘛，再说这也不能代表什么呀。"本以为自己给了老公一个非常高明的答案，可是我却发现他的眼睛里闪过一丝失落。

从那以后，我隐约发现，老公有了些变化。以前他和哥们儿去泡吧是这样告诉我的："今天晚上我加班，晚点回来。"现在改为："今晚我跟同事在一起，不知什么时候回家。"以前他打电话声如洪钟，现在一接手机就故意压低声音，窃窃私语，有时甚至装模作样地和我拉开一段距离。以前他收发"伊妹儿"总是光明磊落地当着我的面进行，现在一看到我的影子就赶紧把网页"下底"，如果我在他身后徘徊，则坚决不写回邮……

这些古怪的举动把我搞得莫名其妙，在我一番穷追猛打之后，事情都清楚了，他既没有什么红颜知己，更没有什么神秘网友。

几番思量，我终于明白，他这些奇怪举动是对我的"大度"的婉转反抗。凡事神经过敏、醋劲十足自然不好，但女人若是完全不吃醋，男人心里也会受到伤害。若在妻子眼里成为"安全型"的男人，他们会认为一定是自己的魅力不够，于是，他们便会千方百计地让自己神秘化和暧昧化。

或许，在爱情中"吃醋"是爱的一种特有的表达方式，爱人能够从中感受到你对他的关注与关心。

从此以后，我的"大度"也变成了"有度"，老公回来晚了，我会打几个电话，吃吃他工作的"醋"和朋友的"醋"。倘若他再在我面前夸哪个女孩漂亮，我就狠狠地掐他的胳膊。老公呢，也时不时"埋怨"我几句，吃吃家务的"醋"。"吃醋"成了我们夫妻关系的调剂品，再加上偶尔的打情骂俏，我们的生活变得更加有滋有味了。

　　吃醋的妙处在于那一点点猜疑的酸劲，醋意在某种程度上显示着爱。没有爱也就不会吃醋，没有醋意的爱情等于没有灵魂的躯壳。倘若看着自己的心上人和别的异性亲近而没有醋意，甚至一点反应都没有，这说明你们之间的爱已消失。恰到好处的醋意可使女人显得更加妩媚可爱，爱情具有排他性和独占性，这正如"卧榻之侧，岂容他人酣睡"。女人在爱情中撒娇、赌气、猜忌、泪水，既是爱的伎俩，也是女性爱美的一道放射异彩的风景线。

　　为爱加一点醋，在沉醉于相爱的甜蜜的同时，又可以尝到一丝酸涩，这就是爱的独特滋味。因为爱所以才在乎，因为在乎，所以才吃醋。为爱加一点醋，最能灵敏地感受到爱的存在，更能确切地测出爱的程度。只是最好在醋里加入信任、宽容和甜蜜，用珍惜和挚爱，为自己酿一锅香甜浓郁的"美味佳肴"！

　　凡事都讲究适度原则。为爱加醋一定要适量，而爱情的基石则为男女间的信任。偶有猜疑像轻风一样吹过基石，甚至轻轻晃动几下，当然无碍，但若恰好遇到个善猜疑的对象，结果醋来如山倒，惹得狂风大作，那就不是很好了。若常常打翻醋坛，醋味十足，酸味泛滥，则会冲淡了爱的甜蜜滋味。醋意超过限度就变成嫉妒了，嫉妒心理过强，会给爱情生活带来一种潜在的危险，如果处埋不当就会伤害感情，甚至导致爱情关系的破裂。一旦双方共同坠入爱河时，因为总想完全占有对方，因此处处提防，总怕对方离开自己，背叛自己，动不动便吃那无名之醋，有时到了失去理智的地步，无中生有，蛮横又无理取闹。这样的相爱，等于把自己的心变成了一个鸟笼，而把对方当作鸟儿一样幽囚起来了。殊不知，鸟笼在幽囚鸟儿的同时，也幽囚了自己，只有把笼子打开，才能把心变成一片晴空，既释放了对方，更释放了自己。

吃醋是女人的天性，不让女人吃醋那简直是在扼杀她们的天性，只是要掌握好量，吃醋可以，但却千万不要过量，如果变小小调味的吃醋为喝醋那就可怕了，喝醋，听似豪迈，其实不然。喝醋的女子，一般都有一点自虐倾向。平日里看上去温眉顺眼，凡事抿嘴一笑，然而真正认了真，伤了心，就把自己关在房间里，拎一瓶子浓度最高的如醋酸之类，一气灌下去，顺手一掷，摔碎一地玻璃梦。然后把自己放倒在床上，任它在胃里翻江倒海，水深火热。个中滋味只有她自己知道，遭罪的是她自己。那时不但折了精神，还赔了身体，而人家呢，非但不领情，还会说你心胸狭窄、小肚鸡肠，到头来岂不是得不偿失？

生活中，聪明的女人应该懂得"理性"地吃醋，所谓"理性"，就是要明白通过吃醋达到什么目的。恰到好处的吃醋会让对方觉得你在意他，反之，就会背离初衷，演变成无休止的争吵。因此，女人吃醋要掌握以下几点：

首先，吃醋要以信任为基础。无中生有，歪曲事实，破坏了信任感，很容易伤害对方的自尊心，结果就会适得其反。

其次，把握吃醋的底线。每个人性格各异，对感情的理解也不一致，可以说"醋量"千差万别。但一般情况下，以下两道底线最好不要越过：第一道是不说"绝对"的话，如"你从来就没爱过我""你是个骗子"等，这等于全盘否定对方，后果自然是激化矛盾；第二道是不提"离婚"二字，动辄以离婚相威胁，就好像那个老喊"狼来了"的小孩一样，时间长了彼此便会失去信任。

第三，不要当着众人的面吃醋，这样很容易将对方置于一种比较尴尬的境地，即使他有心哄你，碍于面子，也不得不摆出男子汉的威风来。你的"醋劲"在他的自尊面前只能败下阵来，何苦自讨没趣？

花点心机，才能留住人心

一些妻子总是抱怨丈夫不爱回家，甚至在外面拈花惹草。那么，男人为什么会有这样的表现呢？一方面是由于男人本身存在问题，而另一方面则是家庭不能给男人以归宿感。试想，男人在繁重的工作之后，家庭既然不能让自己感到更愉快、更放松，甚至回去还会多一些不愉快，他当然不愿意回去，这样还有更多的时间去打理自己的事业。男人不归家的次数多了，夫妻之间的感情也会慢慢地变淡，不利于夫妻感情的问题也就随之而来——第三者的出现、夫妻感情的崩溃，往往就是这样开始的。当一个好妻子把家变成男人最好的去处的时候，家会变成男人避风的港湾，妻子会成为丈夫的挚爱。

其实，花点心思"拴住"自己的丈夫，让丈夫觉得家是一个温暖的地方，对于一个妻子来说并不难。因为男人对家庭有一定的责任感，另外家里还有自己的孩子，还有爱自己的妻子，所有家里的这些元素，已经给妻子形成了"拴住"自己的丈夫的基础，剩下的就要看妻子怎么做了。

（1）努力营造一份浪漫的氛围

浪漫的情调是人们都渴望的，不同的人对浪漫有不同的认识。有的人认为富丽堂皇是浪漫，有的人认为古朴典雅是浪漫，还有的人甚至认为轻松随意才是浪漫。因此浪漫是没有标准的，要根据个人感受来把握，浪漫的家庭环境是符合夫妻双方期待的环境，这种期待是埋在心底的，所以，妻子在布置家庭环境时，要尽量符合丈夫的情趣。人的情趣是不同的，即便是在一起生活多年的夫妻，各自的喜好也不会完完全全地融合成一体。因此，妻子在营造浪漫的家庭氛围的时候，要揣摩丈夫的心理。

　　李娜看丈夫工作太劳累，一日，做了一桌丰盛的菜肴，又备了一瓶红酒。当丈夫晚上下班看到后，深感家庭的温暖，面对妻子的体贴，十分快乐。

　　这是一个西窗有月的晚上，李娜点起蜡烛，撩开窗帘，让柔柔的月光透过纱窗洒得满桌都是蜜意。于是，月光下的晚餐便充满了浪漫，有烛光、花影，还有月光……夫妻二人享受着这一切，特别是丈夫，他觉得在月光下的妻子更显得美丽，这个时候他一天的劳累也一扫而光，在外面工作虽然有点累，但是在家里他却能感受到一丝丝幸福与浪漫。

　　（2）用心服侍好你的丈夫
　　女人费尽心机所营造的家庭环境和家庭气氛，对婚姻的幸福有着极为重要的影响。对于一个专职的家庭主妇来说，一定要懂得为自己培养一些好的习惯。比如，当丈夫在外面忙碌一天，牢骚满腹地回到家时，妻子最好到门口迎接他，回到家时给他倒上饮料、茶水，给丈夫备好洗澡水等。这样，会使丈夫对家有一种温暖的感觉，一天的辛苦与烦恼也会随之烟消云散。和蔼可亲、富有耐心的妻子在丈夫眼里就是一个可爱的天使，她既消除了丈夫的疲惫感，又给枯燥的婚姻生活注入了新的活力。

很多女人觉得这样做会显得男女不平等，不想在丈夫面前唯命是从，因为带着"乞求"的成分"赢得"幸福，迟早会令丈夫感到不舒服。如果把精心照顾丈夫的目的当成防止他发脾气，婚姻也就快要走到尽头。另一方面，丈夫如果总是忙忙碌碌、牢骚满腹，再贤惠的妻子也有忍受不了的时候。妻子如果总是这样做，从某种程度上说，确实又是在纵容男人。但是如果爱人是一个值得为他付出的人，妻子这样做没有任何不妥。面对妻子的悉心照顾，丈夫反过来对妻子也有关怀，这样，妻子对丈夫的服侍才会显得更温馨。聪明的女人应该学会摸索出一套适合自己的方式，为自己的幸福做一些努力。

美国的家庭主妇，虽然她们看似个个都十分高大，但她们都会在丈夫面前做出小鸟依人的样子。她们每天下班和丈夫见面就像久别重逢一样，会热烈地拥抱在一起，然后帮丈夫换上休闲装，再递上一杯咖啡，让自己的丈夫有一种被需要的感觉。在服侍丈夫的同时，她们并不娇惯丈夫，她们往往会使点小聪明给丈夫留点家务活，比如烤箱温度坏了，洗衣机的响声太大，衣服没有叠好等，她们会及时提醒丈夫有做一部分家务的责任。这样能让男人明白：家庭主妇是这个家庭的女主人，不是自己的保姆。

（3）对丈夫适当地放手

人们常说："女人变坏就会有钱，男人有钱就会变坏。"虽然这句话说得有些偏颇，但是它在无形中总会给人一些心理暗示，特别是做事业有成的男人的妻子，她们在潜意识里总会认为自己的老公会变坏，有的妻子甚至疯狂到监视丈夫行踪的地步。

婷婷和丈夫原来都是教师，前几年丈夫辞职去做生意，没过几年就成了一个大老板。作为"大款"的妻子，婷婷完全可以养尊处优，但她一直没有放弃自己的职业，因为丈夫常常只顾忙生意，家里的一切都落在了婷婷的身上。她在教书的同时，还要照顾一个九岁多的女儿，生活很辛苦。

有朋友劝婷婷，当老师的月工资还不够丈夫一顿饭，干脆辞职别干了，一心一意相夫教子，多花点心思拴住丈夫的心吧，虽说丈夫目前很忠诚，可说不准以后会花心——有钱的男人总让人放心不下。

婷婷听后总是一笑了之，其实她有自己的道理。自己和丈夫从同学到夫妻，彼此都很了解，她相信他。当然更重要的是，婷婷对自己有足够的信心，她有能力同时做好老师、母亲和妻子。婷婷每天按自己的节奏生活着，照顾好女儿，教导好学生，打理着家务。丈夫因为要忙生意，有时一个月也难得回来两次。

婷婷总是不露声色，极少埋怨丈夫的忙碌，相反，她十分体贴丈夫。她经常提醒他，男人干事业太辛苦，要注意身体。丈夫事业顺利时劝他保持清醒，丈夫遭遇挫折时给他鼓励。周围的女人不是埋怨丈夫太窝囊，就是抱怨丈夫太花心，而婷婷这边风景独好，丈夫的事业越来越好，对婷婷依然一往情深，丈夫总是尽可能地去多陪一陪老婆和女儿。朋友都羡慕婷婷的幸福，说她找了一个既有钱又有情的男人。

有人说：男人有如风筝，在天上飞来飞去，家就是风筝的那头。作为妻子，就是要懂得张弛有度，这样既能让风筝高高飞翔，又不至于让风筝失去控制。

因此，一个聪明的妻子，应该用点智慧、费点心思来经营自己的婚姻，应该学会用自己的贤淑和体贴来俘获丈夫的心，这样才能"拴"住丈夫。

爱上缺点

哈佛学子詹姆斯曾说："在每一个人的性格上都可以找到一些小小的黑点。"由此可见，每个人的身上都有一些缺点。爱一个人，不但要爱他的优点，更要爱他的缺点。只有这样的爱，才能够经得起岁月的洗礼。

很久以前，有一对人人美慕的恩爱夫妻，一起走过了50个春秋。50年的时光竟没有让他们的爱情有一丝的褪色，反而是越来越炽烈；那些为家庭矛盾困扰的朋友很是不解，便向他们询问：50多年的相随岁月，如何走过来？她答了一个"忍"字；问他呢，他答了一个"让"字。

这在追求自我的年青一代看来，简直不可思议！如此忍让度过一生，人生还有什么幸福？生命还有什么意义？

若再追问，忍字头上一把刀，难呀！她说：一点都不难，凡事多替他想想，不就没怨气了？问他该怎么让？他说：很简单，她喜欢的事，就让她去做，总得给她一片自己的天空。

在他们结婚纪念日的庆典上，来宾请他们发表一下携手半世纪的感想。一向谨言慎行的他，站起来，看着她，慢慢地说："我们结婚时，她十九岁，我现在看她，好像还是十九岁那时的模样。"他说得那样坦然自在。在他和妻子凝视的目光里，来宾们明白了什么叫50年的爱情。大厅里响起一阵热烈的掌声，久久不息。

这对夫妻很会生活。他们在经历了无数的岁月洗礼后，爱情依然炽烈如火。这是为什么呢？这是因为爱情不仅需要理解，更需要包容。人与人之间尤其是男女之间不可能有严格意义上的彻底沟通。往往似懂非懂而产生一种神秘的情感，就成了爱情。一旦了解了，优点视而不见，缺点一目了然，便会产生许多失望。所以，许多夫妻的幸福秘诀，是爱对方的缺点。一个人身上的优点谁都喜欢，而缺点，尤其是隐秘的缺点，只有爱人知道，并能够容忍，久而久之变成一种习惯，就相互适应了。这种习惯和适应构成了一种深切的别人无法替代的关系。生理、心理上一种完全的容忍、默契、理解，胜过浪漫的爱。

有一对夫妻吵架，和千千万万的家庭吵架一样，由一个人起头，然后各自数落起对方的缺点。

男：没见过像你这么蛮不讲理的女人。

女：彼此彼此，我也没见过像你这样粗鲁蛮横的男人。

男：你看看人家某某妈，又能干又体贴，总是把家里收拾得干干净净，哪像你除了在家睡觉，其余时间都在麻将室。

女：你还好意思说我，也不看看某某爸爸，一份工作的工资就是你的两倍，还利用休息时间在外边做兼职。

……

在这种指责和对比下，夫妻双方都不能包容对方的缺点。其实，两个人能够走到一起，除了少数是因为父母的原因，多数人都是自愿的，但是为什么开始的时候能够接纳对方，一起生活了一段时间就开始厌倦了呢？这就是所谓的"距离产生美感"造成的。在现实生活中，夫妻在一起生活的时间长了，就没有了以前的神秘感，各自的缺点在对方眼里暴露无遗，于是，在有些人的眼里，自己的另一半就只剩下缺点，并且时间越久，越无法忍受对方的缺点。有一个美国专家对结婚超过三年的夫妻做了一个调查，得出了这样一组数据：25% 的夫妻说他们还是幸福快乐的，25% 的夫妻则是在婚姻专家或心理医生的辅导下勉强维持，另外 50% 的夫妻则纯粹是在无可奈何地忍受着自己的婚姻生活。这个统计表明，无论多么美满的婚姻都有发生变质的可能，三五年之后，刚结婚时的新鲜感消失殆尽，俊男不再，美女也已变糟糠……这些似乎都是"家花不如野花香的理由"，也是造成很多夫妻亲手摔碎爱情"陶罐"的最大原因。

爱情不像成功成名等，可以通过自己的努力来实现，真爱可遇不可求，一旦到来之后，又如陶罐般脆弱易碎，并且破碎后就再也没有办法还原。所以，只有懂得包容，懂得好好呵护这只"陶罐"的人，才能将真爱进行到底。

要想真正做到包容并不容易，特别是性格急躁的人，脾气来了就什么都顾不上，别说包容，能够躲过他的一场狂风暴雨就已经算不错的了。所以，要做到包容并不是一件容易的事。但是，世界上的事怕就怕认真二字，只要方法对了，再加上自身的努力，就没有什么是做不到的。

得到的就是最好的

有这样一个故事：

古时候有个书生，和未婚妻约定了结婚的时日后，就一心苦读，希望能够考取功名。然而，还未等到书生功成名就，就被告知未婚妻已经另嫁他人。书生受此打击，一时承受不了，便有了轻生的念头，于是他来到一处山崖上。

一位云游四方的僧人刚好路过，一见书生的表情，心里就明白了七八分。于是他走过去问道："施主正为何事烦恼？"书生想僧人虽是方外之人，看样子却也通情达理，就将未婚妻嫁人的事和盘托出。

僧人听罢哈哈大笑道："施主糊涂！"同时从怀里摸出一面镜子叫书生看……

书生探过头去，看到茫茫大海，一名遇害的女子一丝不挂地躺在海滩上。一人路过此地，看一眼，摇摇头，走了。又一人路过，将衣服脱下，给女尸盖上，也走了。再路过一人，过去，挖个坑，小心翼翼地把尸体掩埋了。

看完后，书生不解。僧人解释道，那具海滩上的女尸，是你未婚妻的前世。你是第二个路过的人，曾给过他一件衣服，她今生与你相恋，为的是还你一衣之情。但是她真正应该报答的，应该和他共度一生一世的，是第三个人，因为前世埋她的人是他。

书生大悟，终于收回了轻生的念头。

佛教认为：夫妻本是前缘，无缘不合。没有前世甚至前几世积累起来的缘分，今生就不会走到一起，更不会成为夫妻。有首歌也是这样唱的：百年修得同船渡，千年修得共枕眠。可见两个人能够成为夫妻并不是一件容易的事，因为那是千年的修为方才得来的结果，如此看，我们是否该学会珍惜与自己相濡以沫的爱人呢？

"没有得到的，就是最好的。"经常听到人们说这句话。在我们的生活中，很多人都抱有这种心理，他们往往对"失去"的那位加以美化，而把自己身边的这位与"失去"的那位作对比，就会发现身边的这位一无是处，怎么看都不顺眼，而"失去"的那位却完美无缺，犹如神仙一般。其实，那完全是人的心理作用，人总是沉醉于自己的幻梦之中。当梦醒的时候，才会发现眼前的才是最好的。

有一个年轻人曾经与一少女相恋多年，那少女活泼、开朗、能歌善舞，是个人见人爱的"黑牡丹"。后来，"黑牡丹"远嫁他乡，而这年轻人也早已为人夫、为人父。只是他觉得妻子这也不顺眼，那也不顺心，与自己心中的"黑牡丹"简直不能同日而语。他的妻子为此常常黯然神伤。后来，索性放开他，让他去异乡看望他的梦中情人。

他在三天两夜的火车上，设计种种重逢的浪漫。

当他满怀憧憬地敲开了"黑牡丹"的家门时，开门的竟然是一个腰围大于臀围的黑胖夫人。这就是令他魂牵梦萦、朝思暮想的"黑牡丹"！

他回到家后，竟突然发觉妻子什么都好；妻子也破涕为笑，从此，两人过得和和美美。

当这位朋友见到自己日思夜想的梦中情人后，他一下子惊醒了：

原来自己陶醉在自我的想象里了。从此，他便对妻子的态度有了改观，看到她什么都好。

很多人总是向往一些不切实际的东西，他们总是努力不懈地追求着自己梦想的东西。可是有一天，他们却发现自己拥有的才是最好的，而自己从来都无视于它的存在。

珍惜自己拥有的，就是珍惜自己的幸福生活。同理，如果感受不到幸福，首先应该在自己的身上找原因，因为，那往往是自己不懂得珍惜造成的。

上帝拿出两个苹果，让一个幸运的男子挑选。然而两个苹果都红润饱满，男子不知该选哪一个，于是问上帝："你有的是苹果，是否可以将两只都送给我？"上帝笑着摇头道："你只能从中选择一个，放弃另外一个。"男子权衡再三，终于下定决心，选了其中一个。然而，在男子拿着苹果转身离去的那一刻，他又突然转身对上帝道："我想换你手上的那只。"然而，上帝已经离开。于是，这个男子拥有了一只美丽的苹果，但是，在他的一生中却从未感受到任何幸福，因为在他心中，惦记着的始终是那只没有得到的苹果。

不懂得珍惜就如同不懂得知足，越是得不到的越认为是最好的，这样的人只会永远生活在得不到的痛苦中，而无法用心去感受已经得到的幸福。

所以，从现在开始学会珍惜，学会把握现有的幸福，学会善待自己的爱人，你会发现生活比你想象的要更美好。

唠叨是爱情的坟墓

唠叨是爱情的坟墓。但是，很多女人并没有意识到这一点，甚至认为自己的唠叨是对他的爱，以为唠叨可以改变丈夫的缺点。陶乐丝·狄克斯认为："一个男性的婚姻生活是否幸福和他太太的脾气性格息息相关。如果她脾气急躁又唠叨，还没完没了地挑剔，那么即便她拥有普天下的其他美德也都等于零。"

苏格拉底的妻子兰西波是出了名的悍妇，为了躲避她，苏格拉底大部分时间都躲在雅典的树下沉思哲理；法国皇帝拿破仑三世、美国总统亚伯拉罕·林肯都受尽了妻子的唠叨之苦。而恺撒之所以和他的第二任妻子离婚，是因为他实在不能忍受她终日喋喋不休的唠叨。

很多男人在生活中之所以垂头丧气，没有斗志，就是因为他的妻子打击他的每一个想法和希望。她无休止地长吁短叹，为什么丈夫不像别的男人会赚钱？为什么写不出一本畅销书？为什么得不到一个好职位？拥有这样一个妻子，做丈夫的实在泄气。确实，奢侈浪费给家庭带来的不幸远远比不上唠叨和挑剔。

雪丽从大一的时候，就和李林谈起了恋爱，大学刚毕业，他们就喜结连理。按说，他们结束了恋爱马拉松，走进婚姻，应该是幸福的一对。可是，自打结婚以后，雪丽的手中就拿起一把无形的尺子，只要见到丈夫就必须要量一量。丈夫洗衣服时，她会说："你看看，这领子，这袖口，你连衣服都洗不干净，还能干什么？"丈夫做饭，她会说："哎呀，做饭怎么不是咸就是淡，一点谱都没有，让人怎么吃呀？"丈夫做家务，她会说："怎么这么笨，地也擦不干净。"丈夫办事情，她更是牢骚满腹："看你，连话都不会说，让人怎么信任你呢？"诸如此类，家庭噪音不绝于耳。

刚开始的时候，李林常常是黑着脸不吱声，时间久了，他就开始和她顶嘴。他会说："嫌我洗衣服不干净，你自己洗。"然后把衣服往那一扔，摔门而去。他还会说："我做饭没谱，以后你做，我还懒得做呢。"有时候，他也会大发雷霆，和她大吵一通，然后好几天两人谁也不理谁。

过几天，两人又和好了，但是雪丽仍然改不了自己的习惯，仍然会在他做事的时候唠叨不止。日子就这样在吵吵闹闹磕磕绊绊中过了几年。终于有一天，雪丽又在唠叨他碗洗得不干净时，他再也无法忍受，把所有的碗都摔在了地上，大声吼道："你烦不烦，看我不顺眼，干脆离婚算了，看谁顺眼跟谁过去！"

雪丽万万没有想到李林会提到离婚两个字，她顿时泪如雨下："我说你，还不是为了你好？换了别人我还懒得说呢！要离婚，好，现在就离！"结果，李林甩门而去。后来，雪丽在朋友的劝说下，明白了一个道理，那就是自己对丈夫不能太苛刻了。

其实，衣服没有洗干净是常有的事；丈夫不是大厨，偶尔盐放多放少更是小事一件；家务活谁都可能出点纰漏；一个人偶尔说错一两句话也是在所难免。而自己不断地唠叨，把这些常人都有的小毛病加以无限放大，而且还养成了习惯。正是因为她对丈夫的挑剔，才使得丈夫离自己越来越远。

著名的心理学家特曼博士对1500对夫妇做过详细调查。研究表明，在丈夫眼中，唠叨、挑剔是妻子最大的缺点。另外，盖洛普民意测验和詹森性情分析——两个著名的研究机构，它们的研究结果都是相同的，它们发现，任何一种个性都不会像唠叨、挑剔给家庭生活带来巨大的伤害。

纽约的《世界电信》杂志，某期刊登了一件杀人案，一个50多岁的卡车技工，雇用了三名流氓残忍地杀害了自己的妻子。关于他的犯罪原因，据说是因为他的妻子一直不停地唠叨和抱怨。

在烧毁爱情的一切烈火中，吵闹是最可怕的一种，就像被毒蛇咬到，绝无生还之望。你是不是一个爱唠叨的女人呢？问问你的丈夫吧。如果他的答案是肯定的，那么请你静下心来好好想一想，唠叨到底有什么好处呢？所以，倒不如努力地改掉自己唠叨的习惯，当丈夫犯了"毛病"时，能够温柔地对待他。

那么，具体应该怎么做呢？

（1）不要重复讲话

如果你提醒丈夫三次以上说他曾经答应过要陪你去散步，而他纹丝不动，说明他根本不想去。那么，你就住嘴吧，别再重复，唠叨只会使他下定决心决不屈服。

（2）冷静对待不愉快的事

不愉快的事情是最容易让女人唠叨的，她们总是不厌其烦地诉说着自己的不快。当你的丈夫心情也不好的时候，就不要在他面前唠叨个没完，那样只会引来争吵。想办法控制自己的情绪，或者把坏情绪通过另外的途径排解出去，等到双方都冷静下来时，再把事情拿出来仔细讨论，讨论的时候应该心平气和，保持理智，不能使用过激的语言。

（3）用温和的方式达到目的。

"用甜的东西抓苍蝇，要比用酸的东西有效多了。"当你唠叨丈夫不给你买生日礼物的时候，不如向他撒个娇，娇嗔地说："老公，我知道你希望我越来越漂亮，所以，我准备用你钱包里的钱去买一套化妆品作为你送我的生日礼物，你说好不好？"听了这样的话，哪个老公会拒绝呢？

所以，除了唠叨，你完全可以使用一些温和的方法去实现你的目的。

（4）培养自己的幽默感

以幽默的方式对待发生的事情，会让你的心情舒畅。有的妻子催促丈夫到浴室给自己送浴巾，丈夫的动作慢了点或没理睬，她们竟会大动肝火，开始唠叨丈夫不爱自己。

生活中，很多事情是没必要生气的，但是我们常见一些女人为了不值一提的小事紧绷着脸，把甜蜜的爱情转变成相互指责的怨恨。不如培养自己的幽默感，让你一天都保持心情舒畅。

如果一个女性在刚刚结婚时，就成天唠叨丈夫，你什么时候才能升职加薪？什么时候你才能挣到买一套大房子的钱？什么时候你才能买一辆私家车？……那么当她40岁时，一定是一个不可救药、让人生厌的埋怨专家，而她的丈夫也多半会成为一个整天灰着脸的平庸男人。

INTERPERSONAL
PSYCHOLOGY

第十一章

因人制宜，与各种人
相处的心理学

分清真假"糊涂"

糊涂有两种，一种是真糊涂，如遇事思路不清，对什么都想不清楚，办事丢三落四，马马虎虎；一种是假糊涂，也就是揣着明白装糊涂，只有分清这两种人才能正确地与之交往。

我有个同事是出了名的"大迷糊"，迷糊到什么程度，举个例子说，有一次公司开大会，通知上写的是某校大礼堂，别人都没迟到，唯独她过了一小时才到会场。一问才知道，她以为在单位开会，跑单位去了，一看整个大楼只有扫地的大姐，才明白自己去错了地方。这么一折腾，不仅迟到了，还花去了不少打车钱。类似的事件在她身上发生过不止一次。这么说吧，凡是能迷糊的地方，她绝不会清醒，上班忘拿材料，那是常有的事，别人休息她上班，那也不足为奇。

据她老公说，家里已经发了无数次水，原因就是她总忘记关水龙头；钥匙配了无数把，当然都被她丢了。她的迷糊功夫让丈夫、孩子吃了不少苦，每天都替她操心，生怕她哪天丢了自己。作为同事，我们倒并不觉得她的迷糊是什么大错，可是一看她的老公和孩子，真觉得这样的女人要不得。一次我去帮她收拾房间，收拾出好多旧鞋，她一高兴，全卖给了收破烂的。不久，她儿子回来了，一进屋就说，妈，我的脚冻坏了，你给我找双棉鞋吧。她一听，说，坏了，我把你的棉鞋都给卖了。作为一位母亲，天冷了都不知道给孩子找双棉鞋穿，倒是把自己捂得暖暖和和的，每天在办公室的镜子前左照右照。

时间长了我才知道，其实她不是一个真正迷糊的人，她只是揣着明白装糊涂，这样她就可以忽略别人，而只想着自己。用她自己的话说，她是一个只知自转不知公转的人，也就是说，她是一个自私的人。而她的迷糊正好可以掩盖她自私的本质，就像某些有大智慧的人用愚笨来掩盖自己的智慧一样。只是大智若愚的人值得称道，揣着明白装糊涂的人却遭人鄙视，因为她连自己最亲近的人都不关心，外人就更别指望得到她的眷顾。

说她不是一个真正迷糊的人，是因为她糊涂的是一些无关紧要的小事，在大事上，不用你提醒，她永远也不糊涂，甚至比谁都明白！在单位，她从来都只说自己的工作如何如何难做，自己付出了多少辛苦，得到的报酬总是少之又少，尽管她的工资并不少。

她的迷糊还可以给她带来一个好处，那就是逃脱某些指责。比如每到月底报成绩的时候，她总想办法多报一个加班，多报一个工作量……如果有人指出她报得不实，她会说："你看，我都糊涂了。"然后照报不误，你说，你能把她怎么样？

她揣着明白装糊涂，骗取了不少人的信任。在单位，大家都觉得她这样一个常常忘了自己是谁的人，对别人的话也许未必记得清，所以说话的时候也不避着她，甚至把自己的心里话也跟她说，却没想到她当时有一搭没一搭地与你闲聊，看似不经意，实际上把你的话都记在了心里，说不定什么时候拿出来把你卖了，你还在帮她埋汰自己呢！

我就曾被卖了一次。那次有一同事过生日，我就想出个花样逗他开心，买了一束花，写上一首诗，装作暗恋他好久的人，让花店的人送去。大家果然为此兴奋了好久，一同帮那位同事猜测送花的人是谁。她也凑上去看了半天，然后下结论说，这么幼稚的诗，小学五年级就能写得出来。后来得知是我写的，她像个没事儿人一样说，写得真好！真有水平！一看就知道是有文学功底的人写的！前后两次评论，互相矛盾，不知道她是真的糊涂还是装糊涂。反正我是被她弄糊涂了。

在你身边，揣着明白装糊涂的人肯定不止一个，你可得小心应付。如果不想揭露其真面目，就跟着一块儿装糊涂，但心里要敬而远之，别傻乎乎地被他们的表象所蒙蔽，最后着了人家的道儿还不知。由于家庭背景、文化程度、兴趣爱好以及观念想法的差异，我们所遇到的人也就形形色色、各种各样，倘若你明白对方属于哪种类型的人，就对症下药，见机行事，交流起来就容易多了。

这种人有点精神分裂倾向，做事时注意力不集中，记忆力低下，理解能力不够。这种人和行动迟缓者一样，不是理想的共事伙伴。但交朋友，这种人很有人缘，看起来随便、大度。

为雄才大略的人铺路

具有雄才大略的人，胸怀大志，眼界开阔，从不计较一些小的得失。在工作时，不忘充实自己及广结善缘，除了完成自己的工作外，他也会帮助别人和指导同事。

每到一个地方，他都能成为组织中的正式主管，能在极自然的状况下，影响别人，控制群体的行为。俗话所说的"虎行天下吃肉"，指的大概就是这种人。

雄才大略的人的见识往往异于常人，思考逻辑方式也有其个人特色。他在时机不成熟时，可以忍耐，不论是卧薪尝胆或是从你的胯下爬过，他都能欣然接受。但是，时机成熟，他奋臂而起，如大鹰冲天，没有人能与之争锋。

不是每一个雄才大略的人都是成大功立大业的。但是，做人处事自有风格，不卑不亢、不急不躁是他的本色。

有一个雄才大略的老板，你就跟对人了。你可亦步亦趋，片刻不可相离，他晋升你也跟着晋升。碰到这种老板，你要虚心地向他学习。因为天下没有不散的筵席，不要当曲终人散时，别人都受益匪浅，而你却两手空空。

有雄才大略的同事，如果大家利害一致，大可共创一番轰轰烈烈的事业。如果一山不能容二虎的话，也可一创合纵挂六国相印，一相秦皇以连横合并天下，各取所需，各享盛名，各得其利。如果以上都行不通的话，你就全心全意地助他成功，自己多少也留下识才的美名。

有了这种部下，你应有自知之明，知道他终非池中之物，有朝一日定会超过你。虚心地接纳他，给他实质上的资助及肯定，在会计学上称之为投资，到时候一定是有利润的。

怎样与自私自利的人相处

几乎所有的人在社会交往中，都讨厌那种自私自利、只顾自己而不为别人着想的人。这种人心目中只有自己，凡事都将自己的利益摆在前头，从不肯有所牺牲，说白了就是没有"奉献精神"。在日常交往中，遇到这样的人，要不要敬而远之呢？

自私自利的人尽管心目中只有自己，特别注重个人的得失和利益，但他们还是有积极的一面，就是往往会因利而忘我地工作。我们对他们不必有太高的期望，也没有必要希望他能够像朋友那样以义为重，以情为重。与这类人的交往关系可以仅仅是一种交换关系，干多少活，给多少利；干得好坏不同，利也不一样。人们之所以普遍地对这种自私自利的人感到厌恶，在很大程度上都是由于仅仅按道德标准去衡量人，以其作为社会交往的准绳。这不得不说有失片面，而当我们以一种利益标准去作为社会交往的尺度时，你也就不会在任何时候都对他们采取一种敬而远之的态度了。同这种人交往有一个好处，就是拿酬劳时比较坦然。

从另一个角度来说，自私自利的人也常常有他们的特点——精打细算。如果我们能够通过适当的方式，将他们这种特点加以升华，运用到某些比较合适的地方，也可以发挥其优势。例如，让这种自私自利的人干一些财务工作，在有严格约束的情况下，他们往往会成为集体的"守财奴"。这样，岂不是一件好事吗？

怎样与争强好胜的人相处

争强好胜的人狂妄自足，喜欢自我炫耀，自我表现的欲望非常强烈，总是力求证明自己比别人强，比别人正确。当遇到竞争对手时，总是想方设法地挤对人，不择手段地打击人，力求在各方面占上风。人们虽然内心深处瞧不起这种人，但是为了顾全大局，为了不伤交往中的和气，往往处处事事迁就他，让着他。这样，就会助长这类人的霸气，是不合适的。

人们总是希望人际交往和谐，就是所说的"和为贵"。这无疑是人际交往中一个重要的标准和目标。为了顾全大局，求大同，存小异，在某些方面做一些必要的退让，应该说是一种比较高尚且聪明的交往方式。"和"无疑是必要的，但如何去获得"和"，却有不同的方式。"让"是一条途径，"争"也不失为另一种必要的方式。

争强的人中，有性格造成的，也有涉世不深造成的。后者常常是年轻人。对于他们，更多的应该是正面的引导和点拨，开拓其眼界，增长其见识，这类人一旦成熟，一旦对社会有了一定的认识，便会改变过去那种争强好胜的态度。

总之，迁就只适合那些比较有理智的人，而对于不明智的人，不妨晓以利害，挫其傲气。

远离搬弄是非的人

搬弄是非的人就是那些喜欢在背后说别人的坏话、挑拨离间的人。尽管谁都不愿与这类人相处、共事，但生活中这号人又客观存在着，谁都不可避免地要同这类人打交道。要想和他们和睦相处，还得掌握一些诀窍。

1. "自重"和"互重"

"自重"，在与不同类型人的交往中有不同的表现形式：与比自己强的人交往，需要诚恳、虚心；与不如自己的人交往，需要谦和、平等……而和那些搬弄是非的人交往，则需要正直、坦荡，换句话说，就是对闲言碎语要不听、不信、不传。认识事物要有正确的方法，判断事物要有充足的依据，一句话，就是看问题要全面，要有自己的见解。除了"自重"外，"互重"也是很重要的，背后议论别人是一种不道德的行为，也是不尊重别人。帮助他人改正这种习惯是正常的，帮助他人改变这种恶习行之有效的方法是尊重对方，以朋友式的态度，善意地规劝对方；再就是，巧妙地引导对方获得正确地认识人的方法，比如，当对方谈论他人时，可以先顺着对方的话，谈谈这个人确实存在的缺点，然后再谈谈他大量的长处，从而形成一个正确的结论。如果有些人搬弄是非的恶习已成为其性格特点，那么你就干脆不理睬他，听见了也只当一阵风掠耳而过。

俗话说"为人不做亏心事，半夜敲门心不慌"，只要你自己对得起良心，管他人怎样搬弄是非呢？要特别注意：不要一听到搬弄是非的话，就立即去找那人对质，这样会使大家都很难堪，解决不了什么根本问题。更不要一时性急，去找那人"算账"，两人打起来那就更难堪了，这样也会使大家把你和他等同起来看成没见识的人。

2. 保持冷静

尽管你听到关于自己的是非后感到愤慨，表面上你还须努力控制自己的情绪，保持头脑冷静。你可以这样回答："啊，是吗？让他们去说好了。"或者说："谢谢你告诉我这个消息，请放心，我不会与他们一般见识的。"如此，对方会感到无空子可钻，他也不会再来纠缠不休了。

对性情急躁的人以诚相待

性情急躁的人的特点是好冲动，做事欠考虑，思想比较简单，喜欢感情用事，行动如急风暴雨。和这种人打交道，要躲着点，别惹着他，否则被其发一通火，甚至拳脚相见，实在是不合算。生活中许多人都不愿意和这种性情急躁的人来往。其实，只要掌握合适的方法，同这种人和睦相处也不是什么特别困难的事。

当然，性情急躁怎么说也不是个优点，它容易伤害人，并且常常表现为蛮横无理，有时也会被人利用而起到一种不好的作用。但是，这种人也有优点，而这正是我们可以与之交往的重要基础。

首先，这种人常常比较直率。肚子里有什么都会表现出来，不会搞阴谋诡计，也不会背后算计人。他对某人有意见，通常都直截了当地提出来。所以，与其和那些城府较深的人相处，还不如与这种人打交道。

其次，这种人一般比较讲义气、重感情。只要你平时对他好，尊敬他，视之为朋友，他会加倍报答你，并维护你的利益。所以，和这种人交往，不一定非要那么客套，或讲什么大道理。你只要以诚相待，他必定以心相对。

最后，这种人还有一个特点，即喜欢听奉承话、好话，俗话所说的"顺毛驴"。同他们交往宜多采用正面的方式，而谨慎运用反面的或批评的方式。这样，往往可以取得更好的效果。

和性情急躁的人相处要注意以下几点：

1. 一笑了之

遇上性情急躁的人冒犯你，你一定要严肃对待，保持头脑冷静，可以暂时置之不理，有时瞪他一眼就够了，有时一笑置之则可。这一笑，在大多数场合，可以使你摆脱尴尬的局面，避免与其发生争吵。

2. 耐心说服对方

如果你也是一个急躁的人，急躁碰上急躁，那就很容易着火，这时，你要压住自己的火气，仔细地、轻言细语地说服对方，也可以讲事实、摆道理，消除对方的误会。首次获得诺贝尔文学奖的范特霍夫提出碳原子新理论之后，遭到德国有机化学家哈·柯尔比的强烈反对。范特霍夫当众表示："柯尔比老先生的宏论从头到尾没有推翻研究出来的铁一般的事实。"柯尔比听到此话后，怒气冲天，不远千里赶到荷兰找范特霍夫，范特霍夫冷静地、谦虚地阐述了自己的观点，结果使柯尔比消除了误解，两位科学家"化敌为友"，欣然携手合作。

3. 开阔胸怀

俗话说：一个巴掌拍不响。要争吵，必须双方都吵，才吵得起来。他吵，你不吵；他凶，你不凶；甚至他骂，你不骂，就吵不起来。你有温和的态度，有宽广的胸怀，有宽宏的"海量"，就会使本来发火的一方火气削减，自感没趣，放弃争吵。常言道："宰相肚里能撑船。"有所作为的人，一般都有着宽阔的胸怀。

4. 察言观色

注意揣摩性急人的心理状态，也是与他们相处的一个方法。那些性情急躁的人，可以对周围的所有人"发泄"，这时就得迁就他一下。如果你与他争短长，就会成为他的"出气筒"，所以你最好避开，等到他性情缓和时，再跟他谈你所要谈的一切。

理解和开导性格孤僻的人

性格孤僻、情感内向的人，整日禁锢在郁郁寡欢、焦躁烦恼的笼子里，心境阴沉，缺乏生活乐趣。同这种人建立情感通常是很困难的，人们一般不愿意同这种人打交道。然而，有时候，社会交往并不完全取决于人们的好恶，每个人都有可能遇到性格孤僻者。学会同这种人打交道是必要的。

心理学家认为："人类得到情感上的满足有四个来源：恋爱、家庭、朋友和社会。一个人的孤独程度，取决于他同这四方面的关系如何。"一般来说，性格孤僻的人因为处理不好上述四种关系，必然缺乏友谊，缺乏依恋的温情体验。而且，由于他疑心很重，做任何事情都担心别人议论，因而惶惶不可终日。同性格孤僻的人打交道，必须深入了解这种人的心理特点，在这个基础上注意在以下五方面多做工作。

1. 多给予温暖和体贴。在学习、工作、生活的细节上多为对方做一些实实在在的事，尤其是在他遇到了自身难以克服的困难时，友谊的温暖便会消融他心中冰霜的屏障。

2. 注意交往中谈话的艺术。性格孤僻的人一般不爱讲话，有时候，尽管他对某一事情特别关心，也不愿主动开口。一般来说，只有谈话内容触到了他的兴奋点，他才会开口的。另外，性格孤僻的人喜欢抓住谈话中的细枝末节胡乱猜疑。一句非常普通的话有时也会使其恼怒，并久久铭刻在心以致产生深深的心理隔阂，而这一点往往以一种非常微妙的形式表现出来，使当事人难以察觉。一旦当事者有所察觉，交往实际上已经宣告失败了。因此，谈话时要特别留神，措辞、选句都要仔细斟酌。

3. 与性格孤僻的人打交道，有时很容易遭到对方的冷遇，如果遇到这种情况要有耐心。"日久知人心""事实胜于雄辩"。与性格孤僻的人打交道想一蹴而就是不可能的。

4. 多引导对方读一些有关的书籍，帮助对方树立科学的世界观、人生观、社会观，在此基础上建立正确的友谊观、爱情观、婚姻观、家庭观，并帮助对方逐步建立和谐的人际关系。只有这样，才能使初步的交往真正深化下去。

5. 共同参加文化娱乐活动。这样容易促使对方从孤独的小圈子中解脱出来，投入社会的怀抱，变得开朗起来，在活动内容和形式的选择上，要注意多选择一些轻松愉快的主题。比如，听听相声、轻音乐；看看喜剧、体育比赛；游一游风景名胜。

与尖酸刻薄的人保持距离

尖酸刻薄的人在任何场合都是不受欢迎的人。这类人的特征是和别人争执时往往挖人隐私不留余地，同时冷嘲热讽无所不至，让对方自尊心受损颜面尽失。

这种人平常也以取笑同事、挖苦老板为乐事。你被老板批评了，他会说：这是老天有眼，罪有应得。你和同事吵架了，他会说：狗咬狗一嘴毛，两个都不是好东西。你去纠正部下，被他知道了，他也会说：人有恶霸，有人天生贱骨头，这是什么世界？

尖酸刻薄的人，天生伶牙俐齿得理不饶人。由于他的行为离谱，因此在公司内也没有什么朋友。他之所以能够生存，是因为别人怕他，不想睬他，但如果有一天遭到众怒，他也会被治得很惨。

如果这尖酸刻薄之人不幸是你的老板，你唯一可做的事，就是换部门或换工作。但在事情还没有眉目及定案时，不要让他知道。否则，他的一轮人身攻击，你恐怕会承受不了。

如果他是你的同事，千万要和他保持距离，不要招惹他。万一吃亏，听到一两句刺激的话或闲言碎语，就装没听见，千万不能动怒，否则，是自讨没趣，惹鬼上身。

如果他是你的部下，你得多花时间在他身上。有事没事和他聊聊天，讲一些人生的善良面，告诉他做人厚道自有其好处。你付出的爱心和教诲，有时会替公司带来一份意想不到的收获。

对翻脸无情的人要留一手

翻脸无情的人，说翻就翻，在翻脸时，你不要问他理由，你不必述说从前对他的恩情和助益，他一个字都听不进去。

翻脸无情的人，似乎是得了一种"忘恩记仇病"。你对他百般呵护，只要小事一桩不顺他的心，就全盘翻覆，千好百好一个不好就都不好了。可谓狼子野心，你养育越久，对自己的危险就越大。

翻脸无情的人利用这种方式来处理他的人际关系，简直是无往不利，处处占到便宜。他知道每次利用完别人，又找新的利用对象时，此时就可翻脸。反正每次翻的都是不同的人，别人不但记不住也无可奈何，只能自认倒霉！

如果你的老板是这种翻脸无情的人，你在他的手下做事时，千万要记住"留一手"。任何事情做完了，你就得小心被炒鱿鱼。要处处化被动为主动，掌握主动，当他要翻脸的那一刹那，你也告诉他我等你好久了，为什么你今天才要翻！少来这一套，你这种手段我看多了。

有这种同事，你倒是大可不必和他一般见识。反正没有利害关系，各干各的活，翻不翻随便你！

有这种部下最令人伤脑筋，也没有什么好的办法。最重要的是不能因为他常翻脸，而特别将就他，别的部下会以为你是欺善怕恶，这就有失公正了，也影响你在部下中的口碑。

与爱发无名火的人怎样相处

朋友中总有这样一种人，当自己遇到不顺心的事时，便迁怒他人，对素不相干的人无端发火，无缘无故伤害别人的感情。本来嘛，谁也不欠谁什么，干吗要当人家的"出气筒"！这股窝囊气是难受，然而，为此而告吹友谊也的确不值得。

对待这类人我们要豁达、自持，只有这样才能与之和谐相处。

所谓"豁达"，就是宽宏大量。朋友发无名火，必然是遇到不顺心的事，心中气恼，一时失去理智，我们理应同情，设法为之排忧解难。一份欢乐二人分，其幸福倍增；一份苦恼二人分，其负荷便等于零。为朋友分担不幸而受点窝囊气，还有什么值得计较呢？事实也是这样，朋友发无名火，如果你还之于火，两火合一，不仅会把已经筑起的友谊大厦化成灰烬，而且还会给彼此留下不愉快的伤痕；如果你还之一笑，朋友发火，你泼水，火就烧不起来，冷却后朋友自己也会感到难为情，从内心发出对你的感激之情，从而增进友谊。

"豁达"的另一层意思，就是引导朋友去认识：一个人一踏进社会的门槛，忧患往往与之俱来，谁也不可能事事称心。人生一世，不如意者常八九，而可与人言者仅二三。遇到不如意怎么办？怨天尤人，火气冲天，到处发无名火，不但丝毫不能改变自己的不利处境，反而只会增加新的矛盾，使自己陷入更深的苦恼深渊；只有心胸豁达，自宽自慰，才能不为暂时的不利所困扰，清醒地审时度势，从自身寻找原因，重新确立新的人生目标，把"火"化成前进的动力，迈出新的前进步伐！

所谓"自持"也有两层意思。一层是说当朋友向你发无名火时，你要自持。朋友发无名火是错误行为，你若与之较劲儿，不就跟着朋友一道犯错误吗？起码你的形象，因之在人前也矮半节，成为没有气量的人。

"自持"的另一层意思，是引导朋友明白这样一个道理：对别人发无名火，是对人不尊重的表现。同学之间，朋友之间，是完全平等的关系。因为自己心情不愉快，就对素不相干的同学、同志、朋友发火，是极不礼貌的行为。你一时泄了气，痛快了，可这种痛快是建立在别人的痛苦之上的。如果换个角度，有人对你无端发火，你会怎么想？难道己所不欲者，就可以施之于人吗？所以，一个时时想着别人，处处体谅别人的人，即使自己心中不快，也不会迁怒于人，更不会把自己的不愉快强加给别人。

因此，克服常常对别人发无名火的坏习惯，关键要学会自制，学会调整自己的心理平衡，使自己不管在什么情况下，都能正确把握自己，以适应其客观形势的需要，不做失去理智的蠢事。